現代日本語と韓国語における条件表現の対照研究

ひつじ研究叢書〈言語編〉

第 124 巻　日本語の共感覚的比喩　　　　　　　　　　　　　　武藤彩加 著
第 125 巻　日本語における漢語の変容の研究　　　　　　　　　鳴海伸一 著
第 126 巻　ドイツ語の様相助動詞　　　　　　　　　　　　　　髙橋輝和 著
第 127 巻　コーパスと日本語史研究　　　近藤泰弘・田中牧郎・小木曽智信 編
第 128 巻　手続き的意味論　　　　　　　　　　　　　　　　　武内道子 著
第 129 巻　コミュニケーションへの言語的接近　　　　　　　　定延利之 著
第 130 巻　富山県方言の文法　　　　　　　　　　　　　　　小西いずみ 著
第 131 巻　日本語の活用現象　　　　　　　　　　　　　　　　三原健一 著
第 132 巻　日英語の文法化と構文化　　　　　秋元実治・青木博史・前田満 編
第 133 巻　発話行為から見た日本語授受表現の歴史的研究　　　　森勇太 著
第 134 巻　法生活空間におけるスペイン語の用法研究　　　　　堀田英夫 編
第 136 巻　インタラクションと学習　　　　　　　　柳町智治・岡田みさを 編
第 137 巻　日韓対照研究によるハとガと無助詞　　　　　　　　　金智賢 著
第 138 巻　判断のモダリティに関する日中対照研究　　　　　　　王其莉 著
第 139 巻　語構成の文法的側面についての研究　　　　　　　　斎藤倫明 著
第 140 巻　現代日本語の使役文　　　　　　　　　　　　　　　早津恵美子 著
第 141 巻　韓国語 cita と北海道方言ラサルと日本語ラレルの研究　円山拓子 著
第 142 巻　日本語史叙述の方法　　　　　　　　　　　大木一夫・多門靖容 編
第 143 巻　相互行為における指示表現　　　　　　　　　　　須賀あゆみ 著
第 144 巻　文論序説　　　　　　　　　　　　　　　　　　　　大木一夫 著
第 145 巻　日本語歴史統語論序説　　　　　　　　　　　　　　青木博史 著
第 146 巻　明治期における日本語文法研究史　　　　　　　　　　服部隆 著
第 147 巻　所有表現と文法化　　　　　　　　　　　　　　　　今村泰也 著
第 150 巻　現代日本語と韓国語における条件表現の対照研究　　　金智賢 著
第 151 巻　多人数会話におけるジェスチャーの同期　　　　　　　城綾実 著
第 152 巻　日本語語彙的複合動詞の意味と体系　　　　陳奕廷・松本曜 著

ひつじ研究叢書
〈言語編〉
第150巻

現代日本語と韓国語における
条件表現の対照研究

語用論的連続性を中心に

金智賢 著

ひつじ書房

まえがき

　本書は、現代日本語と韓国語の条件表現を対照的に分析することで、それぞれの言語における条件表現の特徴を明らかにし、通言語的な現象としての条件表現を再考しようとするものである。本書における対照分析は、語用論的な観点から行われており、日本語と韓国語の条件表現の体系化という目的のために不可欠な方法論となっている。日本語と韓国語の対照分析は、様々な言語現象を対象に多様な観点から行われてきているが、その言語構造の類似性が故に、特定の言語形式の意味論的な対応に重点が置かれる傾向があった。ところが、言語構造の類似性は、両言語のすべての文法範疇における並行性を保証するものではなく、さらに、近年の日韓対照研究は、両言語の言語構造に根本的な違いが存在する可能性を示唆している[*1]。このことは、対照分析がより談話・語用論レベルで、言語使用（用法）の面を中心に行われる必要があることを示す。条件表現の用法において日本語と韓国語は、共通点とともに有意味な相違点を見せるが、その相違点こそがそれぞれの言語における条件表現の特徴をよく示すものになっている。このような特徴は、言語形式の意味論的な対応を見るだけでは分かりにくく、より広範囲の関連現象を総合的かつ語用論的に把握することで前面に出るものである。

　通言語的な現象としての条件表現を再考するとは、条件という意味・文法範疇を人間の言語に普遍的なものと見て、日本語と韓国語というケースをもってその特徴を明らかにするということである。条件概念に基づく思考は、人間の認知構造と密接な関係をもつ認知・認識プロセスであり（藤井2012）、条件表現は、どの言語においても必要不可欠な文法範疇である[*2]。ところが、当然ながら、この普遍的な文法範疇を個々の言語がどのように展開しているかというのは言語ごとに異なり、条件表現といってもその中身は単一な

ものではない。特に、伝統的な条件と隣接する概念である時間、因果、反事実、仮定、譲歩などと条件のつながり方が明確になってはじめて、当言語における条件表現が理解できると考えられる。本書は、日本語と韓国語の、いわゆる条件を含む関連範疇を総合的に把握したときに、各々の下位カテゴリーが語用論の上で有機的な連続体を成すものと見て、そのつながりのメカニズムを明らかにし、日韓条件表現を独自の観点から体系化することを目指す。日本語と韓国語それぞれの条件表現を総合的に把握することも大切であるが、一つの言語の分析、または、英語など印欧語との対照分析からは見えてこない条件表現のユニークな体系が日韓語の対照分析から見えてくるなら、それは、普遍的な文法範疇としての条件表現の特徴づけへの貢献になるだろう。

　本書における条件表現とは、二つの事態からなる文において、事態間の関係が意味的な依存関係（広義の因果関係）にある、いわゆる条件と理由、継起及び主題表現の総称である。伝統的な条件文や理由文などは、複文の一種として日本語でも韓国語でも活発に研究されてきているが、広い意味の条件表現（または、論理文）が総合的に把握されはじめたのは、近年の日本語学においてである。韓国においては、複文や条件関連表現の分類に関する研究や、各カテゴリー間の関連性を局地的に解明しようとする研究は多々あったものの、広い意味の条件表現を総合的に把握しようとする視点を取り入れた研究はそれほど進んでいない。分類に関する研究は条件表現を包括的に把握するには有利であるが、個々のカテゴリー同士の関連性を細かく記述するには限界がある。一方、条件と理由との関係、理由と継起との関係、主題と条件との関係などといった局地的な研究は異なる研究者によってバラバラに行われ、統一した用語や概念または理論で全体像を把握するのが難しくなっている。対して日本語で条件文の研究が進んだのは、仮定的条件を表す多様な形式が存在することによると言えるだろう。韓国語の仮定的条件形式はシンプルで、確定的条件形式の方が発達している。日本語では、多様な仮定的条件形式の一部が確定的条件にも用いられることから、容易に仮定的条件から確定的条件につながる総合的観点が得られたもの

と考えられる。本書では、このような総合的な観点を韓国語にも適用し、一つの物差しで両言語を理解することを目指す。このアプローチは、日本語の条件表現への理解をさらに深める手掛かりになることと思われる。条件文の日韓対照研究は、日本語教育を目的とするものを除くと、ほとんど行われていない。理由文や継起文についても同様のことが言える。主題表現に至っては、主題をマークする助詞の対照研究は多々あったものの、条件との関連性への追究、あるいは、条件表現としての位置づけに関しては、どの言語においても単発的な記述にとどまっており、日韓対照研究は皆無と言える。

　本書は、日本語と韓国語を対照的かつ統合的に分析することにより、有機的な連続体として働く条件表現の体系を立てることができると考える。条件表現の各下位カテゴリーは、その論理的な近接性によって何らかの形で連続していることが多い。日本語でも、韓国語でも、二つ以上の条件カテゴリーが連続する現象がそれぞれ存在するが、その実態は微妙に異なっている。このような、同一言語内における条件カテゴリー間の連続性、さらに、日本語と韓国語における条件カテゴリー間の連続性を比較・対照分析することによって、それぞれの言語の特徴、及び、通言語的な条件表現の特徴が明らか

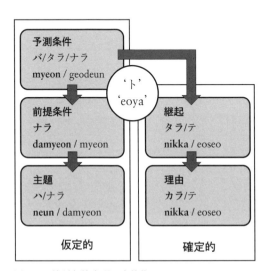

図1　日韓語条件表現の全体像

になると考えられる。本書における、日韓両言語の条件表現の連続体は、概ね、図1のようなものである。

　各条件カテゴリーの代表形式を観察してみると、主題から理由につながる大きな条件表現の連続体が見えてくることが分かる。これは、二つの言語を一緒にして見つめなければ見えてこない、非常に興味深い現象である。一つの言語において特定の条件カテゴリー間で見られる連続性が別の言語では見られなかったり、あるいは、どちらの言語でも連続性があるが、そのあり方にズレがあったりすることは、条件カテゴリーの位置づけや意味が言語間で異なることを示し、そのズレを総合的観点から把握することで、通言語的な条件表現の特徴が解明できると考えられるのである。

　条件カテゴリー間の連続性は、言語使用の場において各条件形式が表す意味の間の「語用論的連続性」に起因すると考えられる。本書では、<u>ある条件形式を用いた条件表現が、前件と後件の内容を変更せずに別の条件形式で表現できる場合、当文脈において、二つの条件カテゴリー間に語用論的連続性がある</u>とする。ある発話文脈において、二つの条件カテゴリー間に語用論的連続性があるということは、簡単に言えば、二つの条件形式が互いに「置き換えられる」ことを表す。本書においては、以下のような考え方に基づき、敢えて語用論的連続性という用語を使用する。第1に、二つの事態間の因果関係を表すのに複数の条件形式が使用可能であるということは、その複数の条件形式の表す語用論的意味が連続していることを示す。第2に、言語使用においては、置き換えができるかできないかといった二分的な判断が難しい場合が多く、その表現がどれほど容認できるか（または、自然か）など、置き換えの可能性には「度合い」があると考えられる。語用論的連続性は、「ある」「なし」の二分的判断だけでなく、「高い」「低い」などの度合いの概念を含んだ表現である。第3に、どの形式とどの形式とで置き換えが可能か、即ち、語用論的連続性があるかどうか、又は、高いか低いかという問題そのものが、条件表現の日韓対照分析において重要な指標となり、本書の議論における主要概念である。本書では、その独自性を示すため従来とは異なる用語を使う。

本書における第1の論点は、語用論的連続性によって、予測条件＞前提条件＞主題へとつながる連続体や、予測条件＞継起＞理由へとつながる連続体のメカニズムが日韓で異なることを明らかにすることである。これは、(1) 予測条件と前提条件の連続性、(2) 前提条件と主題の連続性、(3) 予測条件と継起の連続性、(4) 継起と理由の連続性といったテーマに分けられ、本書の第1章〜第4章で論じられる。第2の論点は、日本語と韓国語それぞれの条件表現において特有の形式とされるものを取り上げ、その特徴を明らかにすることである。図1における「ト」「eoya」がそれであるが、「eoya」の議論で「譲歩条件（逆接条件、逆条件）」にも触れることになる。日本語では「テモ」、韓国語では「eodo」で代表される譲歩条件は、条件表現において大きな部分を占めるもので、図1の裏側にでも位置づけられるようなものであるが、順接の日韓条件表現の連続性に注目する本書の前半の議論では取り上げる余裕がない。その代りに、譲歩条件用法を有する「eoya」の議論の延長として、譲歩条件の逆説性に焦点を当てた「テモ」との対照分析を行っている。本書の後半は、(5) 日本語の「ト」について、(6) 韓国語の「eoya」について、(7) 譲歩条件の「逆説性」について、(8) 条件の「テハ」と「eoseoneun」の順に、第5章〜第8章で論じられる。本書における各章の議論は、すべて日韓対照分析である。

　本書は、3年間行われた関連研究を集大成したものである。各章は、個別的に行われた研究のテーマである。各章のテーマと、その元になっている研究発表の対応を以下に示しておく。なお、本書の内容は、学会発表後の修正や新しい展開などを反映しており、発表時の内容とは異なっている。

第1章　予測条件と前提条件の連続性
　発表タイトル：仮定的条件の仮定性と前提性について―日韓対照研究―
　〔日本言語学会第149回大会、2014/11/15-16、愛媛大学〕
第2章　前提条件と主題の連続性
　発表タイトル：条件と主題の語用論的連続性について―日韓対照

研究─

〔日本言語学会第151回大会、2015/11/28-29、名古屋大学〕

第3章　予測条件と継起の連続性

発表タイトル：条件と継起の連続性に関する日韓対照研究

〔第247回朝鮮語研究会、2016/02/13、東京大学〕

第4章　継起と理由の連続性

発表タイトル：継起と理由表現の語用論的連続性に関する日韓対照研究

〔韓国日語日文学会冬季国際学術大会、2015/12/19、韓国外国語大学（韓国ソウル）〕

第5章　日本語の「ト」について

発表タイトル：「ト」条件節について─韓国語との対照研究─

〔韓国日語日文学会夏季国際学術大会、2016/06/18、ハンバット大学（韓国大田）〕

第6章　韓国語の「eoya」について

発表タイトル：「-어야eoya」構文について─「必須条件」の日韓対照研究─

〔第249回朝鮮語研究会・第5回朝鮮語教育学会・朝鮮語研究会合同大会、2016/09/10、東京大学〕

第7章　譲歩条件の「逆説性」について

発表タイトル：譲歩条件の「逆説性」について─「テモ」と「-어야eoya」を中心に─

〔韓国日本言語文化学会秋季国際学術大会、2016/11/12、仁荷大学（韓国仁川）〕

第8章　条件の「テハ」と「eoseoneun」

発表タイトル：条件的用法としての「テハ」と「어서는eoseoneun」の対照研究

〔韓国日語日文学会冬季国際学術大会、2016/12/17、崇實大学（韓国ソウル）〕

本書に用いられた日本語と韓国語の用例は、現代日本語書き言葉均衡コーパス少納言（日本語）やSJ-RIKSコーパス及び21世紀世

宗計画コーパス（韓国語）、さらにインターネットページから検索したもので、それ以外の場合は出典を明記している。韓国語の例は、ハングルとローマ字表記を並行し、グロスと日本語訳をつけている。ハングルのローマ字表記は、「韓国文化観光部告示第2000-8号（2000.7.7）」（学術応用）に従っており、韓国語の日本語訳は筆者による。

　研究期間中、多くの方々に言語データのチェックや有益な助言をいただいた。ここに感謝の意を表したい。最後に、本書の出版をお引き受けくださったひつじ書房の松本社長に深く感謝申し上げる。

2018年2月20日
金智賢

※本書における研究及び本書の出版は、JSPS科研費26370489の助成を受けたものである。

---

*1　金慶珠（2001）、金恩愛（2003）、塚本（2006）、徐珉廷（2013）、金智賢（2016e）など。
*2　Wierzbicka（1997）は、論理的な基本概念である「and」などは語彙化されていない言語もあるが、「if」に当たる表現はどの言語にも存在するとしている。

韓国語例文のグロス

- [過去]：過去・完了形の先語末語尾（補助語幹）「–ass/eoss–」
- [推量]：推量を表す先語末語尾「–gess–」、複合表現「–l/eul geosi–」「–l/eul geos gat–」
- [意志]：意志を表す先語末語尾「–gess–」、複合表現「–lyeo–」「–l/eul geosi–」
- [回想]：回想を表す先語末語尾「–deo–」、終結語尾「–deola」（←「–deo–」+「–la」）
- [叙述]：叙述を表す終結語尾「–da」（普通体）、「–nda/neunda」（普通体現在）、「–bnida/seubnida」（丁寧体）
- [疑問]：疑問を表す終結語尾「–na」「–ni」「–lkko/eulkko」「–lkka/eulkka」（普通体）、「–nga/eunga/neunga」「–so（–su）」（中間体）、「–bnikka/eubnikka」（丁寧体）、連結語尾「–nji/eunji/neunji」（か）
- [汎用]：叙述、疑問、命令、勧誘などを表す普通体の終結語尾「–a/eo」
- [主張]：叙述、疑問、命令、提案、主張などを表す普通体の終結語尾「–ji」
- [丁寧]：丁寧の意を表す終結語尾「–ayo/eoyo」、補助詞「yo」
- [勧誘]：勧誘を表す終結語尾「–ja」（う・よう）
- [客観]：話者の知識を客観化して伝える終結語尾「–danda」（←「–dago handa」）
- [否定]：否定を表す複合表現「–ji anh–」、副詞「an」
- [禁止]：禁止を表す複合表現「–ji mal–」
- [可能]：可能の複合表現「–l/eul su iss–」
- [不可能]：不可能の複合表現「–l/eul su eobs–」、副詞「mos」
- [進行]：進行を表す複合表現「–go iss–」（ている）
- [状態]：状態を表す複合表現「–a/eo iss–」（ている）
- [願望]：願望を表す複合表現「–go sip–」（〜たい）
- [当然]：当然、順当などを表す複合表現「–ge malyeon」（〜ものだ）
- [伝聞]：伝聞を表す文末表現「–dae」（←「–dago hae」）（って）
- [指定]：指定詞、コピュラ「ida」（だ）
- [連用]：連用形語尾「–a/eo」（て）
- [連体]：用言の連体形語尾「–n」（動詞過去）、「–n/eun」（形容詞・指定詞現在）、「–neun」（動詞現在）、「–l/eul」（未来）
- [引用]：引用を表す助詞「–da（go）/la（go）」（と）
- [名詞化]：名詞化転成語尾「–gi」
- [副詞]：用言の副詞形連結語尾「–ge」（く・に）
- [複数]：名詞に付いて複数を表す接尾辞「–deul」
- [婉曲]：婉曲を表す終結または連結語尾「–nde/eunde」「–neunde」（が・けど）
- [同時]：同時進行を表す連結語尾「–myeo」（ながら）
- [並列]：並列を表す連結語尾「–go」（て）
- [付帯]：付帯状況を表す連結語尾「–go」（て）
- [逆接]：逆接・譲歩を表す連結語尾「–a/eodo」（ても）
- [継起]：継起を表す連結語尾「–a/eoseo」「–a/eo」「–go」（て）

［理由］：理由を表す連結語尾「-nikka/eunikka」「-ni/euni」（から）
［条件］：順接仮定的条件を表す連結語尾「-myeon/eumyeon」（ば・たら）、複合形式「-a/eoseoneun」（ては）
※［並列］〜［条件］は、当形式が分析対象になっている章以外の用例において示している。
※「ガ」「ハ」「ヲ」「ニ」「マデ」など、日本語に対応する助詞がある場合は、日本語で示している。

目　次

まえがき　　　　　　　　　　　　　　　　　　　　　v
韓国語例文のグロス　　　　　　　　　　　　　　　　xii

第1章　予測条件と前提条件の連続性　　　　　　　1
1. 仮定的条件と日韓対応形式　　　　　　　　　　　1
2. 予測条件と前提条件における語用論的連続性　　　5
   - 2.1　語用論的連続性が起こる場合　　　　　　　5
   - 2.2　語用論的連続性が起こらない場合　　　　　7
3. 予測性と前提性について　　　　　　　　　　　　8
   - 3.1　予測性と「バ」「myeon」　　　　　　　　8
   - 3.2　前提性と「ナラ」「damyeon」　　　　　　12
4. 日韓の語用論的連続性の違い　　　　　　　　　　17
   - 4.1　予測条件の場合　　　　　　　　　　　　　17
   - 4.2　前提条件の場合　　　　　　　　　　　　　22
5. 第1章のまとめ　　　　　　　　　　　　　　　　24

第2章　前提条件と主題の連続性　　　　　　　　29
1. 条件と主題の連続性について　　　　　　　　　　29
2. 前提条件と主題　　　　　　　　　　　　　　　　30
3. 前提条件と主題における語用論的連続性　　　　　32
4. 日韓の語用論的連続性の違い　　　　　　　　　　34
5.「ナラ」と「damyeon」の意味と主題　　　　　　41
6. 第2章のまとめ　　　　　　　　　　　　　　　　43

第3章　予測条件と継起の連続性　　　　　　　　47
1. 仮定的条件と確定的条件の連続性と日韓対応形式　47
2.「タラ」と「バ」の語用論的連続性と個別条件　　48
   - 2.1　「タラ」に置き換えにくい「バ」　　　　　48

2.2　「バ」と「タラ」の語用論的連続性が生じる場合　　49
　　　2.3　「バ」に置き換えにくい「タラ」　　51
　3. 継起の広がり　　55
　　　3.1　連続用法　　56
　　　3.2　きっかけ用法　　58
　　　3.3　発見用法　　61
　　　3.4　発現用法　　62
　4. 仮定的条件と確定的条件の境界　　64
　　　4.1　確定性と事実性　　64
　　　4.2　仮定性と確定性の語用論的境界　　67
　5. 第3章のまとめ　　70

第4章　継起と理由の連続性　　73
　1.「タラ」と「nikka」の接点と拡張　　73
　　　1.1　継起と「タラ」「nikka」　　73
　　　1.2　個別条件の「タラ」と理由の「nikka」　　74
　2. 継起性の二面性　　76
　　　2.1　継起から個別条件へ　　76
　　　2.2　継起から理由へ　　78
　3. 第4章のまとめ　　82

第5章　日本語の「ト」について　　85
　1.「ト」の特徴　　85
　2. 仮定的条件における「ト」　　86
　　　2.1　「ト」が可能な仮定的条件　　86
　　　2.2　「ト」が不可能な仮定的条件　　88
　3. 確定的条件における「ト」　　90
　　　3.1　継起と「状況性」　　91
　　　3.2　「ト」と「ja」　　95
　4. 第5章のまとめ　　99

第6章　韓国語の「eoya」について　　101
　1.「eoya」構文の広がり　　101
　2. 助詞「ya」と「eoya」　　103
　3.「eoya」と必須条件　　105

3.1	仮定的条件の接続表現	105
3.2	反事実条件	110
3.3	当為を表す文末表現	114
3.4	終結語尾化した表現	116
3.5	譲歩条件	119
4. 第6章のまとめ		126

第7章 譲歩条件の「逆説性」について　131
1. 譲歩条件のカテゴリー化をめぐって　131
    1.1　条件表現の分類と譲歩条件　131
    1.2　譲歩条件の意味特質　133
2. 譲歩条件の逆説性と「eoya」　135
    2.1　「テモ」と「eodo」の逆説性　135
    2.2　「eoya」の逆説性　137
3. 第7章のまとめ　142

第8章 条件の「テハ」と「eoseoneun」　145
1. 二つの「テハ」　145
2. 条件の「テハ」の用法と「eoseoneun」　147
    2.1　「テハ」と対応する「eoseoneun」　147
    2.2　「テハ」と対応しない「eoseoneun」　149
3. 「テ」と「eoseo」と条件　155
    3.1　「テ」と対応形式の周辺　155
    3.2　「テハ」と「eoseoneun」の条件形式化の違い　160
4. 第8章のまとめ　164

第9章 結論　169

参考文献　175
言語形式索引　185
事項索引　186

第1章
予測条件と前提条件の連続性

　日本語と韓国語の条件表現を総合的な観点からみた場合、前件（条件節）が現実世界に起こっていない事態に言及する「仮定的条件」と、すでに起こっている事態に言及する「確定的条件」に分けることができる。日韓条件表現の全体像を表す図1において、仮定的条件には予測条件、前提条件、主題があり、確定的条件には継起と理由があることを見た[*1]。本書では、仮定的条件と確定的条件を以下のように定義しておく[*2]。

(1) a.　仮定的条件：前件（条件節）で、現実世界に<u>起こっていない</u>事態を取り上げ、後件（結果節）で、それと因果関係にある事態を述べるもの。

b.　確定的条件：前件（条件節）で、現実世界に<u>起こっている</u>事態を取り上げ、後件（結果節）で、それと因果関係にある事態を述べるもの。

　仮定的条件の後件（結果節）は、条件形式によって様々な表現が来る。本章では、仮定的条件のうち予測条件（日本語の「バ」と韓国語の「myeon[*3]」）と前提条件（日本語の「ナラ」と韓国語の「damyeon[*4]」）を取り上げ、語用論的連続性の観点から対照分析することで、日韓の仮定的条件の類似点や相違点を明らかにする。

1. 仮定的条件と日韓対応形式

　仮定的条件を表す形式は、日本語では、「バ」「ナラ」以外にも「タラ」「ト」などがあり、韓国語では「myeon」「damyeon」以外に「geodeun」「eoya」などがある[*5]。これらの形式は、固有の意味用法を持つとされ、その各々の形式に関する記述が大事であるこ

とは言うまでもないが、本章では、条件カテゴリーの意味とそのカテゴリー間の連続性を説明するため、「バ」「myeon」を中心とする予測条件と「ナラ」「damyeon」を中心とする前提条件を取り上げ、独自の意味記述を図る。

　日本語の予測条件には次のような例があり、「タラ」や「ト」も用いられるが、以下の「タラ」「ト」の例は「バ」を用いることが可能である。

(2)　犬も歩け<u>ば</u>棒に当たる。
(3)　春になれ<u>ば</u>、裸木はまた新しい花を咲かせるのだ。
(4)　希望すれ<u>ば</u>、いつでも予防接種が受けられます。
(5)　この本、読みたかっ<u>たら</u>、読んでみなさい。

（前田 1995 より修正）

(6)　ホテルに電話しない<u>と</u>、キャンセルされてしまうわ。

　予測条件における「バ」「タラ」「ト」の違いについては先行研究にも様々な指摘があるが、本章では「バ」が最も典型的な予測条件を成すと見て、以降は「バ」を中心に取り上げる。韓国語の「myeon」による予測条件の例も、「バ」の例と類似している*6。

(7)　지렁이도 밟<u>으면</u> 꿈틀한다.
　　　jileongi-do balb-<u>eumyeon</u> kkumteulha-nda.
　　　（ミミズ-も 踏む-バ ピクリとする-［叙述］.）
　　　（ミミズも踏むとピクリと動く〈諺〉）

(8)　봄이 오<u>면</u>, 이 나무에 꽃이 필 거야.　　　（チョン・ヘヨン 1984）
　　　bom-i o-<u>myeon</u>, i namu-e kkoch-i pi-l geo-ya.
　　　（春-が 来る-バ この 木-に 花-が 咲く-［推量］-［汎用］.）
　　　（春が来れば、この木に花が咲くだろう）

(9)　법원 경매과에 신청하<u>면</u> 입찰에 참여할 수 있습니다.
　　　beobwon gyeongmaegwa-e sincheongha-<u>myeon</u> ibchal-e chamyeoha-l su iss-seubnida.
　　　（裁判所 競売係-に 申請する-バ 入札-に 参加する-［可能］-［叙述］.）
　　　（裁判所の競売係に申請すれば、入札に参加できます）

　一方、「ナラ」と「damyeon」の前提条件には次のような例があ

る。
(10) おまえがそう言う<u>なら</u>、あいつを捜しに行こう。
(11) あんなモノで人が死ぬ<u>なら</u>、俺はもう三百人は殺してるぜ。
(12) 姫様が行く<u>なら</u>、俺も行く。
(13) 네가 그렇게까지 말한<u>다면</u> 더는 말리지 않겠어.
　　 ne-ga geuleohgekkaji malhan-<u>damyeon</u> deo-neun malli-ji anh-gess-eo.
　　（おまえ-が そこまで 言う-<u>ナラ</u> さらに-は 止める-［否定］-［意志］-［汎用］.）
　　（おまえがそこまで言うなら、これ以上は止めない）
(14) 내가 다시 태어난<u>다면</u> 첫째로 태어나고 싶습니다.
　　 nae-ga dasi taeeonan-<u>damyeon</u> cheosjjaelo taeeona-go sip-seubnida.
　　（私-が 生まれ変わる-<u>ナラ</u> 長女に 生まれる-［願望］-［叙述］.）
　　（生まれ変われるなら、長女に生まれたいです）
(15) 정 이런 식으로 나온<u>다면</u> 고발하겠어요.
　　 jeong ileon sigeulo naon-<u>damyeon</u> gobalha-gess-eoyo.
　　（(あなたが) ほんとうに こう 出る-<u>ナラ</u> 告発する-［意志］-［丁寧］.）
　　（ほんとうにこう出るなら、訴えます）

　用例からも分かるように、予測条件を表す日本語の「バ」「タラ」「ト」は、韓国語では「myeon」に対応し、前提条件の「ナラ」は、韓国語では「damyeon」と対応する。上記の日本語の例文（2）〜（6）や（10）〜（12）も、それぞれ「myeon」と「damyeon」に訳すことができる*7。

　ところで、先行研究における「バ」「myeon」と「ナラ」「damyeon」の意味記述も、これらの形式が類似していることを示す。日本語の代表的な仮定的条件形式である「バ」は、「法則的な依存関係」（益岡・田窪 1992）、「一般的な因果関係」（益岡 1993a）、「必然的帰結」（国研 1981）、「ものごとの道理を表す言い方で使うのが典型」（益岡 1993b）などとされ、予測条件を表す典型的な形式と

言える。「myeon」については、仮定的条件の代表的な形式とされ、主に条件を表す他の形式との比較による分類や制約などの記述によって定義されるが、日本語との対照の観点から言うと「バ」「タラ」「ト」の仮定的条件用法を広くカバーする形式である。

「ナラ」も仮定的条件形式の一つとされるが、「ナラ形には相手が提供した情報を正しいと仮定して、それから出てくる帰結を述べる用法もある」（益岡・田窪1992）、「（「ナラ」は）その「想定の主体」が自分でないことを言いたい場合に限られる」（国研1981）などの指摘がある。韓国語の「damyeon」は「dago hamyeon」（〜とすれば、〜と言うなら）が縮約した形態であるが、「dago hamyeon」に言い換えられない「damyeon」が存在することから、今では異なる形式として扱われることが多い。ただし、「damyeon」を「dago hamyeon」に言い換えることができるかどうかの判断は難しい場合が多く、本書では「dago hamyeon」に言い換えができない場合だけでなく、言い換えができる「damyeon」の例も取り上げる。「myeon」と「damyeon」の違いについては、「バ」と「ナラ」の違いに似たような記述が韓国の先行研究に見られ、「前件の命題が真となる可能世界の内面的な仮定と外面的な仮定」（李廷玟1980）、「主観的条件と客観的条件」（イ・グァンホ1980、チョン・ヘヨン1984）などといった指摘がある。

本章では、以上のような指摘に基づき、「バ」「myeon」と「ナラ」「damyeon」の中枢意義によって表される予測条件と前提条件の意味を次のように定義する。予測条件とは、話し手が、後件の事態に最も一般的・法則的・必然的につながる前件の事態、即ち、前後件の事態が緊密な因果関係にあると認識し、後件が予測されやすいような前件を仮定するものである。このような性質を「予測性」と呼ぶことにする。一方、前提条件とは、話し手が聞き手や第三者など自分以外のソースによる情報として事態を仮定し、それを前提とした場合何が起こるか等を後件で述べるもので、このような性質を「前提性」と呼ぶことにする。以上をまとめると次のようである。

(16) a.　予測条件：前件と後件の事態が緊密な因果関係にあるが故に、後件の事態が予測されやすいような前件の事

　　　　態を仮定する。(→ 予測性がある)
　　b.　前提条件：前件の事態を話し手以外のソースによるも
　　　　のとして仮定し、それを前提に後件の事態を述べる。
　　　　(→前提性がある)

　予測性は、条件の前件と後件の事態間の因果関係に言及するのに対し、前提性は、前件の事態の特徴に注目することから、これらは論理学的に相反する概念ではないが、予測性が高まると（前件と後件の因果関係が緊密になると）前件と後件の事態がつながって一つの事態のように認識されるので、自然と前提性は低いと考えられる。逆に、前提性が高く、前件の事態が外部ソースによることが示されれば、それと緊密な因果関係にある後件の事態が来るということは考えられにくい。ところが、特定の文脈で各性質があまり強く働かないことがあるとするなら、ある条件表現が予測性と前提性を併せ持つということは十分にあり得る。語用論的連続性の本質は、ここにあると言える。本書は、予測条件と前提条件を、それぞれ予測性と前提性を最も強く有する用法（語用論的文脈）から、予測性と前提性を弱い程度しか有しない用法までカバーする柔軟なカテゴリーと見て、そのカテゴリーが連続する現象に注目する。興味深いことに、予測条件の「バ」「myeon」と、前提条件の「ナラ」「damyeon」は、それぞれの言語において連続性を有するが、その実態は一致しない。予測条件と前提条件の連続性における日韓の類似点と相違点を明らかにすることで、通言語的な仮定的条件の意味と、各言語形式の特徴が浮き彫りになると考えられる。

2.　予測条件と前提条件における語用論的連続性

2.1　語用論的連続性が起こる場合

　ここでは、語用論的連続性がある場合とない場合とはどのようなことなのか、用例を挙げながら簡単に確認する。まず、語用論的連続性がある場合の例を見る。日本語でも韓国語でも、仮定的条件の語用論的文脈によっては、複数の条件形式が可能な場合がある。次の日本語の用例では「バ」と「ナラ」が可能で、「この文脈では、

予測条件と前提条件の間に語用論的連続性がある」と言える*8。

(17) 姫様が {行けば／**行くなら**}、俺も行く。(← (12))

(18) この本、{**読みたければ**／読みたい<u>なら</u>}、読んでみなさい。

(前田 1995 より修正)

(19) Cちゃんが {**いなければ**／いなかった<u>なら</u>}、私は途中でダウンしてたでしょう。

(20) あなたが連れてって {**くれなければ**／くれない<u>なら</u>}、ホテルの誰かに頼みますからね。

次の韓国語の用例でも、「myeon」と「damyeon」が可能で、予測条件と前提条件の間に語用論的連続性がある。

(21) 새해 계획이 {있<u>으면</u>/**있다면**} 한 말씀만 해 주세요.
saehaee gyehoeg-i {iss-<u>eumyeon</u>/**iss-damyeon**} han malsseum-man ha-e ju-se-yo.
(新年の計画-が {ある-バ／ある-ナラ} 一言葉（尊敬）-だけ 言う-［連用］くれる-［尊敬］-［丁寧］.）(新年の計画があるなら、一言だけお願いします)

(22) 그럼 {안 되면/**안 된다면**} 어떻게 해？
geuleom {an doe-<u>myeon</u>/**an doen-damyeon**} eotteohge ha-e?
(それじゃ {［否定］なる-バ／［否定］なる-ナラ} どうする-［汎用］?)
(じゃ、ダメならどうする？)

(23) 이 술이 {없었<u>으면</u>/**없었다면**} 당신은 무사하지 못했을 거야.
i sul-i {eobs-eoss-<u>eumyeon</u>/**eobseoss-damyeon**} dangsin-eun musaha-ji moshae-ss-eul geo-ya.
(このお酒-が {ない-［過去］-バ／ない-［過去］-ナラ} あなた-は 無事だ-［不可能］-［過去］-［推量］-［汎用］.)
(このお酒がなかったなら、あなたは無事でいられなかっただろう)

(24) 희자 씨가 {나가지 않<u>으면</u>/**나가지 않는다면**} 내가 나가고 싶은 심정이야.

huija ssi-ga {naga-ji anh-eumyeon/**naga-ji anhneun-damyeon**} nae-ga naga-go sip-eun simjeong-i-ya.
(ヒジャさん-が {出ていく-[否定]-バ／**出ていく-[否定]-ナラ**} 私-が 出ていく-[願望]-[連体]気持ち-[指定]-[汎用].)
(ヒジャさんが出ていかないなら、私が出ていきたい気分だわ)

　以上のように、日本語のある条件表現の語用論的文脈で「バ」と「ナラ」がどちらも用いられ、韓国語のある語用論的文脈で「myeon」と「damyeon」がどちらも可能な場合、それぞれの言語の文脈では「予測条件と前提条件の間に語用論的連続性がある」と言うことができる。

2.2　語用論的連続性が起こらない場合

　日本語でも韓国語でも、語用論的連続性が起こらない場合がある。予測条件と前提条件の間に語用論的連続性が起こらないとは、日本語では「バ」あるいは「ナラ」、韓国語では「myeon」あるいは「damyeon」のどちらかしか用いられないことを表す。次の例ではどちらか一方だけが自然で、語用論的連続性は起こらない。

(25) 犬も歩けば棒に当たる。(=(2))
(26) 国へ帰るなら、知らせてね。　　　　　　　　(前田1995)
(27) デートで食事に行くなら、どんなところがいいですか？
(28) 봄이 오면, 이 나무에 꽃이 필 거야. (=(8))
　　 bom-i o-myeon, i namu-e kkoch-i pi-l geo-ya.
　　 (春-が 来る-バ この 木-に 花-が 咲く-[推量]-[汎用].)
　　 (春が来れば、この木に花が咲くだろう)
(29) 세계의 종말-이 온다면 당신은 가족과 함께 보낼 사람인가？
　　 segye-ui jongmal-i on-damyeon dangsin-eun gajog-gwa hamkke bonae-l salam-i-nga?
　　 (世界-の 終末-が 来る-ナラ あなた-は 家族-と 一緒に 過ごす-[連体]人-[指定]-[疑問]?) (世界の終末が来るなら、あなたは家族と一緒に過ごす人だろうか)

(30) 나중에 딸이 축구를 하겠다면 어떻게 하실 거예요?
najunge ttal-i chuggu-leul ha-gess-damyeon eotteohge ha-si-l geoye-yo?
(今度 娘-が サッカー-を する-［意志］-ナラ、どうする-［尊敬］-［意志］-［汎用］?)
(今度娘がサッカーをやるというなら、どうされますか)

　日本語にも韓国語にも、予測条件と前提条件の間に語用論的連続性が起こる場合と起こらない場合があるが、それがどの文脈で起こるか、又は、起こらないかに関しては、日韓でズレがある。以降、予測条件における予測性と前提条件における前提性についてもう少し詳しく論じた後、語用論的連続性における日韓の相違点を中心に精密な分析を行う。

3．予測性と前提性について

3.1　予測性と「バ」「myeon」

　(16a) で、予測条件は、後件の事態が予測されやすい前件の事態を仮定するものであるとした。予測性が高いとは、前件と後件の事態が緊密な因果関係で結ばれていて、話し手の中で必然性が高いと認識していることである。このことを先行研究の用語で言うと、「最低条件」（前田 1995）、「必然的な因果関係を表す最も典型的な条件」（有田 1999）などと考えることができる。ところで、このような予測性は、語用論的文脈によってより高い場合と低い場合があると考えられる。予測性そのものは、話し手の言語使用に関する認識の表れであるが、話し手の認識は結局様々な言語使用の場面の蓄積から形成されるのである。その言語使用の場面をある程度スケール化することで、条件の意味と条件形式の関連性が把握できると考えられる。以下では、仮定的条件の語用論的文脈をいくつかに分け、予測性の高いものから順に観察していく。

　いわゆる総称的・一般的な条件は予測性の高い予測条件に属する。格言など総称的条件は、多くの人々に共通する信念が慣用的・一般的条件として固まった形であると考えられる。主に、日本語は

「バ」、韓国語は「myeon」が用いられる。

(31) 犬も歩けば棒に当たる。(=(2))
(32) 지렁이도 밟으면 꿈틀한다. (=(7))
　　　jileongi-do balb-eumyeon kkumteulha-nda.
　　　(ミミズ-も 踏む-バ ピクリとする-[叙述].)
　　　(ミミズも踏むとピクリと動く〈諺〉)

個別の因果関係に関しても、数学、論理学的な記述や自然現象に関するものなど、より多くの人が信じている因果関係ほど、個別の条件を発する話し手にとってもより高い予測性を有すると考えられる。

(33) a.　$(2x-5)(x+3)$ を展開すれば、$2x^2+x-15$ となる。
　　　　　　　　　　　　　　　　　　　　　　　　　　　(国研1981)
　　 b.　春になれば、裸木はまた新しい花を咲かせるのだ。(=(3))

(34) a.　수은에 열을 가하면 팽창한다.　(ユン・ピョンヒョン1989)
　　　　sueun-e yeol-eul gaha-myeon paengchangha-nda.
　　　　(水銀-に 熱-を 加える-バ 膨張する-[叙述].)
　　　　(水銀に熱を加えれば、膨張する)
　　 b.　봄이 오면, 이 나무에 꽃이 필 거야. (=(8))
　　　　bom-i o-myeon, i namu-e kkoch-i pi-l geo-ya.
　　　　(春-が 来る-バ この 木-に 花-が 咲く-[推量]-[汎用].)
　　　　(春が来れば、この木に花が咲くだろう)

反復条件も予測性の高い予測条件である。反復条件も同じように、前件と後件の事態の組合せが何度も繰り返されることで、話し手の知識世界の中では強い因果関係となったものであると言うことができる。

(35) 小さい頃は遊園地へいけばジェットコースターに乗ったものだ。
　　　　　　　　　　　　　　　　　　　　　　　　　　　(有田2013)
(36) 어릴 적 할머니 댁에 놀러 가면 (중략) 호기심 어린 눈으로 주변의 물건을 관찰하곤 했다.
　　　eolil jeog halmeoni daeg-e nolleo ga-myeon (中略) hogisim

eoli-n nuneulo jubyeon-ui mulgeon-eul gwanchalha-gon hae-ss-da.

(小さい 頃 祖母 宅-に 遊びに 行く-バ(中略) 好奇心 こもる-[連体] 目-で 周辺-の もの-を 観察する-[反復]する-[過去] - [叙述].)

(小さい頃、祖母の家に遊びに行けば、好奇の目で周りのものを観察していたものだ)

「バ」以外の形式に置き換えができない例として前田（1995）で提示している「到着は、早ければ10時です。」のような例も、前件が状態述語のみという特殊性はあるが、慣用的に固まった表現として反復条件に入れることができると考えられる。このような表現の場合、韓国語も「myeon」が用いられる。

一方で、社会的な観念によって形成された必然性による因果関係は、これらに比べ、予測性が落ちると考えられる。ここで、日本語と韓国語の違いが生じる。日本語は「バ」と「ナラ」のどちらも自然に用いられるが、韓国語では「damyeon」の使用が不自然になる場合がある*9。（38）の韓国語文は、通常「myeon」しか用いられない。

(37) a. 希望{すれば／するなら}、いつでも予防接種が受けられます。 (← (4))

b. 景気が回復{すれば／するなら}、個人消費は伸びるだろう。
(有田1999より修正)

(38) a. 법원 경매과에 {**신청하면**/??신청한다면} 입찰에 참여할 수 있습니다. (← (9))

beobwon gyeongmaegwa-e {**sincheongha-myeon**/??sincheonghan-damyeon} ibchal-e chamyeoha-l su iss-seubnida.

(裁判所の 競売係-に {申請する-バ/?? 申請する-ナラ} 入札-に 参加する-[可能] - [叙述].)

(裁判所の競売係に申請すれば、入札に参加できます)

b. 경기가 회복 {**되면**/?? 된다면} 무엇보다 일용직이 늘어난다.

gyeonggi-ga hoebog {**doe-myeon**/??doen-damyeon}

mueos-boda ilyongjig-i neuleona-nda.
(景気-が 回復 {する-**バ**/??する-ナラ} 何-より 日雇い-が 増える-［叙述］.)
(景気が回復すれば、何より日雇いが増える)

　また、次のような例では、前件と後件の事態が話し手の個別的・個人的な必然性による因果関係によってつながっており、予測性はさらに落ちると言える。表現的には、後件の事態が意志や働きかけの表現になっていることが多いという特徴がある。この場合、日本語では「バ」も「ナラ」も用いられるが、韓国語では、「damyeon」より「myeon」が好まれるという例が存在する。以下の（40a）は、「myeon」と「damyeon」のどちらも用いられるが、（40b）は、「myeon」が優先され、「damyeon」にするとやや不自然である。

(39) a.　姫様が {行けば／**行くなら**}、俺も行く。(=(17))
　　 b.　この本、{**読みたければ**／読みたいなら}、読んでみなさい。(=(18))
(40) a.　규혁 오빠 {안 가면／**안 간다면**} 나 혼자 가지, 뭐.
　　　　gyuhyeog oppa {an ga-**myeon**/**an gan-damyeon**} na honja ga-ji mwo.
　　　　(キュヒョック兄さん {行かない-バ／**行かない-ナラ**} 私 一人で 行く-［主張］何)
　　　　(キュヒョックさんが行かないなら、私一人で行くよ)
　　 b.　가고 {**싶으면**/? 싶다면} 세진 씨 혼자 가 보십시오.
　　　　gago {**sip-eumyeon**/?sip-damyeon} sejin ssi honja ga bo-si-bsio.
　　　　(行き {**たい-バ**／?たい-ナラ} セジン さん 一人で 行く-［連用］) みる-［尊敬］-［命令］.)
　　　　(行きたいなら、セジンさん一人で行ってください)

　これまで、「バ」「myeon」の中枢意義である予測性を基準に、語用論的な場面を総称的条件、反復的条件、論理的・自然的条件、社会的必然性による条件、個人的必然性による条件に分け、「ナラ」「damyeon」との置き換えの可能性を観察した。総称的、論理的・

自然的、反復的条件では、「バ」「myeon」が自然で、社会的及び個人的必然性による条件では、日本語では「バ」と「ナラ」がどちらも用いられるのに対し、韓国語では「myeon」の方が好まれ「damyeon」が用いられにくい例が存在することを確認した。以上を予測性の段階と合わせて示すと次のようである。

表1　仮定的条件における予測性と条件形式

条件の意味	総称的	論理的・自然的	反復的・慣用的	社会的必然性	個人的必然性
例	(31) (32)	(33) (34)	(35) (36)	(37) (38)	(39) (40)
条件形式（日）	バ	バ	バ	バ ナラ	バ ナラ
条件形式（韓）	myeon	myeon	myeon	myeon	myeon ?damyeon
予測性	高				低

　上述通り、「バ」「myeon」と「ナラ」「damyeon」がどちらも用いられるということは、予測条件と前提条件が連続していることを意味する。語用論的な文脈を段階的に示してみると、日本語でも韓国語でも、予測条件と前提条件との間に語用論的連続性が存在するが、その対応にはズレがあることが分かる。社会的必然性と個人的必然性による条件で見られる日韓のズレについては、さらに詳しい分析が必要である。4節では、これらを中心に、対照的な分析を行う。その前に、「ナラ」「damyeon」の中枢意義である前提性について、予測性の場合と同様の語用論的文脈の観察を行う。

3.2　前提性と「ナラ」「damyeon」

　(16b) では、前提条件は、前件の事態を話し手以外の外部ソースから得られた情報として仮定し、それを前提として後件の事態を述べるものであるとした。ここでは、語用論的文脈の前提性を考えていくが、初めに、前提性と深い関連性を有するモダリティ表現について指摘しておきたい。話し手以外のソースとして仮定し、それを後件の前提として提示するという性質上、後件のモダリティは意

志や質問、働きかけなど遂行的モダリティ表現が来やすい。前提性と後件のモダリティを直接結び付けることはできないが、少なくとも、前提性は後件のモダリティを制約しないのであると言うことができる。前節で、予測性が低く前提条件との連続性が生じる、個人的な必然性による予測条件の後件に、話し手の意志や聞き手への働きかけなどのモダリティが来やすいことを見たが、予測性の観点からすると、以下で取り上げる前提条件はすべて前件と後件の事態が個人的必然性によってつながっていると見ることができる。

　語用論的文脈を考えたときに、最も前提性が高いものとして、前件の事態を誰が発言したかということが明示的で、後件では、そのことを前提に話し手の意志などを述べる場合が挙げられる。この場合、日本語でも韓国語でも前提条件の「ナラ」「damyeon」のみが用いられる。

(41) おまえがそう言うなら、あいつを捜しに行こう。(=(10))
(42) 네가 그렇게까지 말한다면 더는 말리지 않겠어. (=(13))
　　 ne-ga geuleohgekkaji malhan-damyeon deo-neun malli-ji anh-gess-eo.
　　 (おまえ-が そこまで 言う-ナラ さらに-は 止める-[否定]-[意志]-[汎用].)
　　 (おまえがそこまで言うなら、これ以上は止めない)

　発話の主体が示されている場合以外で前提性の高い条件は、条件形式を「〜と言うなら」「〜とすれば」などと言い換えられる特徴がある。このような引用形式に言い換えができること自体が、前提性が高いことを示すものと言える。以下のように、非現実的な事態を仮定する場合がそれに当たる。これらの例でも、日本語は「ナラ」が、韓国語は「damyeon」が自然で、「バ」と「myeon」は相応しくない。

(43) a. あんなモノで人が死ぬなら、俺はもう三百人は殺してるぜ。(=(11))
　　 b. 生れ変ることができるなら、少年のうちに南蛮船に乗って行ってみとうございます。
(44) a. 세계의 종말이 온다면 당신은 가족과 함께 보낼 사람인가？(=

(29))

　　　　segye-ui jongmal-i on-damyeon dangsin-eun gajog-gwa hamkke bonae-l salam-i-nga?
　　　　（世界-の 終末-が 来る-ナラ あなた-は 家族-と 一緒に 過ごす-［連体］人-［指定］-［疑問］?）
　　　　（世界の終末が来るなら、あなたは家族と一緒に過ごす人だろうか）

　　b.　내가 다시 태어난다면 첫째로 태어나고 싶습니다.（= (14)）
　　　　nae-ga dasi taeeonan-damyeon cheosjjaelo taeeona-go sip-seubnida.
　　　　（私-が 生まれ変わる-ナラ 長女に 生まれる-［願望］-［叙述］.）
　　　　（生まれ変われるなら、長女に生まれたいです）

　前件が非現実的なものでなくても、まだ起こっていない（起きる可能性がある）未来のことを仮定する場合も前提性があると言える。このような場合、日本語は依然と「ナラ」のみが自然であるが、韓国語は「damyeon」と「myeon」のどちらも可能であるだけなく、文脈によっては「myeon」の方が用いられやすい傾向がある。この、未実現の未来の事態を前件に提示する用法において、日韓のズレが最も目立つ。

(45)　a.　草彅が韓国で活動するなら、どんな役が向いていると思う？
　　b.　デートで食事に行くなら、どんなところがいいですか？（=(27)）

(46)　a.　미국이나 프랑스에 {가면/**간다면**} 학비가 얼마나 들꼬?
　　　　migug-ina peulangseu-e {ga-myeon/**gan-damyeon**} hagbi-ga eolmana deu-lkko?
　　　　（アメリカ-や フランス-に {行く-バ／**行く-ナラ**} 学費-が どれ位 かかる-［疑問］?）
　　　　（アメリカやフランスに行くなら、学費がどれ位かかるかな）

　　b.　너는 친구들 선물 {**사면**/? 산다면} 보통 뭐 사니？

14

neo-neun chingu-deul seon-mul {**sa-myeon**/?san-damyeon} botong mwo sa-ni?
(あなた-は 友達-［複数］プレゼント {買う-**バ**/?買う-ナラ} 普通 何 買う-［疑問］?)
(あなたは友達のプレゼントを買うなら、普通何を買うの？)

　前件の事態が実現可能性のある未来のことではなく、実現しているのかどうか不明な場合、即ち、真偽が分かっていない事態を真と仮定する形で前件を提示する場合も前提性があると言える。過去の事態に言及する場合、条件形式に先行する述語が、日本語では状態形（(47a)）、韓国語では過去形（(48a)）になりやすい。「バ」と「ナラ」、「myeon」と「damyeon」がどちらも用いられる多くの例がこの場合に当たると考えられる。

(47) a. 送信 {出来ていれ**ば**／**出来たなら**}、届いているはずです。

　　 b. なにか行動を {起こしたけれ**ば**／**起こしたいなら**}、いまやるべきです。（← (11)）

　　 c. あなたが連れてって {**くれなければ**／くれないなら}、ホテルの誰かに頼みますからね。（= (20)）

(48) a. 그거 {**했으면**/했다면} 박수로 환영하겠습니다.
geugeo {**hae-ss-eumyeon**/hae-ss-damyeon} bagsu-lo hwanyeongha-gess-seubnida.
(それ {する-［過去］-**バ**／する-［過去］-ナラ} 拍手-で 歓迎する-［意志］-［叙述］.)
(それ（デモ）をしたなら、拍手で歓迎します)

　　 b. 사람으로 {**살고 싶으면**/살고 싶다면} 의사가 되지 마.
salam-eulo {**sal-go sip-eumyeon**/sal-go sip-damyeon} uisaga doe-ji ma.
(人間-として {生きる-［願望］-**バ**／生きる-［願望］-ナラ} 医者に なる-［禁止］.)
(人間として生きたいなら、医者になるな)

　　 c. 새해 계획이 {있으면/**있다면**} 한 말씀만 해 주세요. （=

(21))
saehaee gyehoeg-i {iss-**eumyeon**/iss-**damyeon**} han malsseum-man ha-e ju-se-yo.
(新年の計画-が {ある-**バ**／ある-**ナラ**} 一言葉（尊敬）-だけ 言う-［連用］くれる-［尊敬］-［丁寧］.)
(新年の計画があるなら、一言だけお願いします)

　実際には起こっていないことを起こったと仮定する反事実条件の場合も、前提性があると言える。この場合も、日本語は「ナラ」と「バ」、韓国語は「damyeon」と「myeon」のどちらも用いられる。ただ、真偽が分かっていない過去の事態に言及する場合と同じく、「myeon」は過去形の後に、「バ」は状態形につくという統語的な違いがある。

(49) a. 学校や図書館が {**なかったなら**／**なければ**}、ぼくはゼロだったでしょう。

b. もしあのときにいま私がわかったことを {**知っていたなら**／知っていれば}、離婚せずにすんだのに。

(50) a. 이 술이 {없었**으면**/없었**다면**} 당신은 무사하지 못했을 거야. (＝(23))
i sul-i {eobs-eoss-**eumyeon**/eobseoss-**damyeon**} dangsin-eun musaha-ji moshae-ss-eul geo-ya.
(この お酒-が {ない-［過去］-**バ**／ない-［過去］-**ナラ**} あなた-は 無事だ-［不可能］-［過去］-［推量］-［汎用］.)
(このお酒がなかったなら、あなたは無事でいられなかっただろう)

b. 교도소에 계시는 걸 {알았**으면**/알았다면} 진작 한번 찾았었지.
gyodoso-e gyesi-neun geo-l {al-ass-**eumyeon**/al-ass-damyeon} jinjag hanbeon chaja-ss-eoss-ji.
(刑務所-に いらっしゃる-［連体］こと-を {**知る**-［過去］-**バ**／知る-［過去］-**ナラ**} とっくに 一度 探す-［過去］-［過去］-［主張］.)
(刑務所にいらっしゃることを知っていたなら、とっく

に探していたよ)

以上の語用論的文脈を、前提性の段階として表してみると次のようである。

表2 仮定的条件における前提性と条件形式

前件の事態	ソース明示的	非現実的	未実現の未来	真偽不明事態	反事実過去
例	(41) (42)	(43) (44)	(45) (46)	(47) (48)	(49) (50)
条件形式（日）	ナラ	ナラ	ナラ	ナラ バ	ナラ バ
条件形式（韓）	damyeon	damyeon	?damyeon myeon	damyeon myeon	damyeon myeon
前提性	高				低

前提性が高いほど「ナラ」「damyeon」のみが自然で、前提性が低くなるほど「バ」「myeon」も用いられ、語用論的な文脈の間に連続性があることが分かる。ところが、予測性の場合と同様、その連続性の実態は日韓で異なる。特に未実現の未来を表す用法で、日本語は「ナラ」のみ、韓国語は「damyeon」と「myeon」がどちらも用いられるというズレが観察される。4節では、予測性と前提性において日韓で対応しない場合を中心に詳しく分析する。

4. 日韓の語用論的連続性の違い

4.1 予測条件の場合

予測条件の予測性の考察では、社会的必然性による条件と、個人的必然性による条件において日韓のズレが見られた。社会的必然性に基づいて前件を仮定する場合、日本語は「バ」と「ナラ」がどちらも自然だが、韓国語では通常「myeon」が用いられ、「damyeon」の使用には制約が見られる。前掲の例を再度分析してみよう。(51) の日本語の例を韓国語に訳してみると、「damyeon」は不自然で、「バ」と「ナラ」がどちらも用いられる日本語とは対応しない。類似した (52) の韓国語の例も、日本語にすると「バ」と「ナラ」のどちらも自然であるが、「damyeon」を用いると違和

感がある。

(51) a. 希望{**すれば**／するなら}、いつでも予防接種が受けられます。(＝(37a))
b. 희망 {**하면**/?? 한다면} 언제든지 예방접종을 맞을 수 있습니다. (韓国語訳)
huimang {ha-myeon/??han-damyeon} eonjedeunji yebangjeobjong-eul maj-eul su iss-seubnida.
(希望{する-バ/??する-ナラ} いつでも 予防接種-を 受ける-［可能］-［叙述］.)

(52) 법원 경매과에 {**신청하면**/?? 신청한다면} 입찰에 참여할 수 있습니다. (＝(38a))
beobwon gyeongmaegwa-e {sincheongha-myeon/??sincheonghan-damyeon} ibchal-e chamyeoha-l su iss-seubnida.
(裁判所の 競売係-に {**申請する**-バ/?? 申請する-ナラ} 入札-に 参加する-［可能］-［叙述］.)
(裁判所の競売係に申請すれば、入札に参加できます)

以上の例における日韓のズレは、次のように説明できる。社会的概念は、論理的・自然的条件に比べ予測性が低いが、それでもなお、その社会における高い必然性を有すると言える。韓国語では、「希望する→予防接種が受けられる」「申請する→入札に参加できる」というような必然性を優先し「myeon」を用いるが、「damyeon」を使うとこのような必然性を損なうような意味が表れてしまう。その意味とは、前件の事態を外部ソースによるものと提示する前提性である。上記の例で「damyeon」を用いると、最初から「希望する」「申請する」という前件の事態がないかもしれないと想定し、万が一それがあるなら後件が成立すると言っているようなニュアンスが生じる。しかし、これらの文は、例えば、役所から一般市民に送られるサービスに関するメッセージで、万が一ではなく、常に提供されるという意味を伝えなければならない。これは日本も韓国も変わらないはずである。この点において、この文脈でも用いられる日本語の「ナラ」は、固有の意味、即ち、前提性が多少薄れている

と言うことができる。

　以上の説明は、次の例にも適用できる。(53) の日本語文は、(51) (52) とは異なり、韓国語にすると「myeon」と「damyeon」が可能である。ところが、この例は後件の事態が推量表現になっている点で (51) (52) とは異なる文脈と言える。このことは、類似している (54) との比較からも明らかである。

(53) a. 景気が回復 {すれば／するなら}、個人消費は伸びるだろう。(= (37b))

　b. 경기가 {회복되면/회복된다면} 개인소비도 늘겠지. (韓国語訳)

　gyeonggi-ga {hoebogdoe-myeon/hoebogdoen-damyeon} gaeinsobi-do neul-gess-ji.

　(継起が {回復される-バ/回復される-ナラ} 個人消費- も 増える-［推量］-［主張］.)

(54) 경기가 회복 {되면/?? 된다면} 무엇보다 일용직이 늘어난다. (= (38b))

　gyeonggi-ga hoebog {doe-myeon/??doen-damyeon} mueos-boda ilyongjig-i neuleona-nda.

　(景気-が 回復 {する-バ/??する-ナラ} 何-より 日雇い-が 増える-［叙述］.)

　(景気が回復すれば、何より日雇いが増える)

　推量表現なしで、「景気が回復する→個人消費が伸びる」ことを、(54) のような必然的な因果関係として表すなら、「damyeon」の使用は不自然になると考えられる。(53) のように、前件の事態を前提しそれに関する話し手の推測を述べるものは、厳密には、社会的観念による必然性ではなく、個人的な信念による必然性の条件と見なすべきである。

　以上のように考えると、韓国語の場合、社会的必然性による予測条件はほぼ「myeon」のみで表されると言える。この点で、「バ」「ナラ」がどちらも使える日本語とは明らかに対応しない。社会的必然性による予測条件では、「ナラ」と「damyeon」の違いが目立ち、「ナラ」は「damyeon」に比べ固有の前提性をやや失っている

と言うことができる。

　次は、個人的必然性に基づく予測条件の場合を見てみよう。この場合、日本語は「バ」と「ナラ」が可能で、韓国語は「myeon」と「damyeon」が用いられるが、どちらかと言うと「damyeon」の制約が強かった。

(55) a. 姫様が {行けば／**行くなら**}、俺も行く。(＝ (39a))
　　 b. この本、{**読みたければ**／読みたいなら}、読んでみなさい。(＝ (39b))

(56) a. 규혁 오빠 {안 가면/안 **간다면**} 나 혼자 가지 뭐. (＝ (40a))
　　　　gyuhyeog oppa {an ga-myeon/**an gan-damyeon**} na honja ga-ji mwo.
　　　　(キュヒョック 兄さん {行かない-バ／行かない-**ナラ**} 私 一人で 行く-[主張] 何)
　　　　(キュヒョックさんが行かないなら、私一人で行くよ)
　　 b. 가고 {**싶으면**/?싶다면} 세진 씨 혼자 가 보십시오. (＝ (40b))
　　　　gago {**sip-eumyeon**/?sip-damyeon} sejin ssi honja ga bo-si-bsio.
　　　　(行き{**たい-バ**／?たい-ナラ} セジン さん 一人で 行く (-[連用]) みる-[尊敬]-[命令].)
　　　　(行きたいなら、セジンさん一人で行ってください)

「myeon」と「damyeon」が可能な (56a) の場合、条件の意味によってこれらの形式が使い分けられている可能性が高い。即ち、「キュヒョック兄さんが行かない」事態を仮定し、個人的な必然性によって「私一人で行く」ことを述べる場合なら「myeon」を、「キュヒョック兄さんが行かないと言った」ことを仮定している場合なら「damyeon」を用いるのである。後者は、前提性に他ならない。実際、この用例における「damyeon」を、その原形である「dago hamyeon」(～と言うなら) に言い換えても文意は変わらない。一方で、(56b) は、類似している文脈にもかかわらず、(56a) より「damyeon」の容認度が落ちると考えられる。(56b) は一見、前件の事態の主体が明示的で (前提性の最も高く)「damyeon」の

みが可能な例と類似しているが、条件形式の容認度には確かな違いがある。

 (57) 네가 그렇게까지 {??<u>말하면</u>/**<u>말한다면</u>**} 더는 말리지 않겠어. (←(42))

 ne-ga geuleohge-kkaji {??malha-<u>myeon</u>/**malhan-<u>damyeon</u>**} deo-neun malliji anhgesseo.

 (<u>おまえ</u>-が そこ-まで {??言う-<u>バ</u>／言う-<u>ナラ</u>} さらに-は 止める-［否定］-［意志］-［汎用］.)

 (おまえがそこまで言うなら、これ以上は止めない)

（56b）と異なる（57）の特徴は、前件の事態の主体が明示されており、後件では話し手の意志を表している点である。(57)のように「damyeon」のみが可能な例の多くは、主体が明示され、「そこまで」「そんなに」「こんな態度で」など直示表現があり、条件に先行する述語は「malhada」（言う）、「wonhada」（望む）、「naoda」（出る）など聞き手の態度に関する動詞に集中するという特徴がある。このことは、「damyeon」の前提性が、前件の事態の意味だけでなく、言語表現そのものと深い関係があることを示す。言語表現において、前件の事態が外部ソースによるものを示す場合には「damyeon」が必須であるが、その他の場合は「myeon」で十分である。(56b)では、話し手は既に聞き手の心的状態を把握しており、それをわざわざ外部ソースによるものとして表現する必要がないと言える。「damyeon」を用いると、その不要な意味が出てしまうのである。一方、「ナラ」にはこのような制約はなく、前件の事態の内容な外部ソースによるものであれば、言語表現にかかわらず用いられる*10。予測条件の語用論的連続性における日韓のズレは、このような「ナラ」と「damyeon」の違いから来るものなのである。

 本書では、以上のような「damyeon」の制約が、「dago hamyeon」（〜と言うなら、〜とすれば）から縮約を経て独立した形式となる文法化の過程が進んでいないことに起因すると考える。3.2で、前提性の高い「ソース明示的」「非現実的」文脈においては、「ナラ」も「〜とすれば」などに言い換えられることを指摘し

たが、「damyeon」は、その使用が自然な場合なら、「反事実過去」以外はほとんど「dago hamyeon」に言い換えることができる。換言すると、反事実過去を除くと、「dago hamyeon」に言い換えができる場合に限り「damyeon」が自然になるのである。それに対し、「ナラ」は、独立した形式として文法化が進んでいると言える。

4.2　前提条件の場合

　前提条件では、前件の事態が未実現の未来の場合、日韓のズレが見られた。日本語は「ナラ」のみが自然であるが、韓国語は「damyeon」と「myeon」のどちらも可能か、「myeon」の方が用いられやすいことを見た。用例を振り返る。

(58) a.　草彅が韓国で活動 {??すれば／**するなら**}、どんな役が向いていると思う？（←（45a））

　　 b.　デートで食事に {??行けば／**行くなら**}、どんなところがいいですか？（←（45b））

(59) a.　미국이나 프랑스에 {가면/**간다면**} 학비가 얼마나 들꼬？（=（46a））

　　　　migug-ina peulangseu-e {ga-myeon/**gan-damyeon**} hagbi-ga eolmana deu-lkko?

　　　　(アメリカ-や フランス-に {行く-バ／**行く-ナラ**} 学費-が どれ位 かかる-[疑問]?)

　　　　(アメリカやフランスに行くなら、学費がどれ位かかるかな)

　　 b.　너는 친구들 선물 {**사면**/?산다면} 보통 뭐 사니？（=（46b））

　　　　neo-neun chingu-deul seon-mul {**sa-myeon**/?san-damyeon} botong mwo sa-ni?

　　　　(あなた-は 友達-[複数] プレゼント {**買う-バ**／?買う-ナラ} 普通 何 買う-[疑問]?)

　　　　(あなたは友達のプレゼントを買うなら、普通何を買うの？)

　未実現の未来の事態を仮定し、それを前提として後件で質問したり、働きかけたりすることは、前提性があり、前件と後件の事態間

の必然的な因果関係を示す予測性は低いと言うことができる。「バ」は、このような文脈で用いられないことから、予測性の意味を維持していると考えられる。他方、韓国語の「myeon」は自然に用いることができることから、予測性が薄れていると言える。特に、(58b) や (59b) のような文脈において、「myeon」は「damyeon」よりも好まれて用いられる。韓国語からすると、「デートで食事に行く」「友達のプレゼントを買う」ことは、特に想像しにくいことではなく、実現性の高い事態である。ここで「damyeon」を用いると、「もしも」「万が一」のような意味合いが生じ、一般的にあり得る事態を取り上げる以上のような場合には向かない。これは前節でも説明した「damyeon」の前提性によると考えられる。「myeon」は、ニュートラルにその可能性が実現すれば、という意味で自然に用いられる。仮定的条件全体で見ると、「myeon」は前提性が非常に高い「ソース明示的」「非現実的」の場合を除くすべての文脈で用いられ、本章で取り上げた四つの形式の中で最も広い用法をカバーしていることが分かる。

　以上のような「バ」の制約と「myeon」の汎用性は、次のような例でも確認できる。(60) と (61) は、前田 (1995) で、「ナラのみが使える例」として挙げられているものであるが、未実現の未来に言及する予測条件と見ることができる。これらを韓国語にしてみると、(60) は「myeon」のみが自然で、(61) は、述語の意志形に「myeon」を結合した形が最も自然である。

(60) a.　国へ {??帰れば/**帰るなら**}、知らせてね。(← (26))
　　 b.　네 나라로 {돌아가면/??돌아간다면} 알려 줘. (韓国語訳)
　　　　 ne nalalo {dolaga-myeon/??dolagan-damyeon} ally-eo jw-o.
　　　　 (君の 国-へ {帰る-バ/??帰る-ナラ} 知らせる-［連用］くれる-［汎用］.)

(61) a.　パソコンを {??買えば/**買うなら**}、あの店へ行きなさい。
　　　　　　　　　　　　　　　　　　　　　　　　(前田 1995 より修正)
　　 b.　컴퓨터 {사면/? 산다면/살 거면} 그 집에 가세요. (韓国語訳)

keompyuteo {sa-myeon/?san-damyeon/sal geo-myeon} geu jib-e ga-se-yo.

(コンピューター {買う-バ/?買う-ナラ/買う-[意志]-バ} その家-に行く-[尊敬]-[汎用].)

（60）の前件が、国へ帰ることになったら、という意味だとすれば、「damyeon」を使うと、国へ帰らないかもしれないことを想定し、万が一帰ることになるなら、という意味になり不自然である。そのような意味を排除するためには、前件と後件を個人的な必然性で結合する予測条件として「myeon」を使うしかない。（61）は、意志形につく「myeon」が最も自然であるが、単独の「myeon」も使えないこともないように思われる。（60）と（61）の観察から分かることは、予測性はほとんどなく、前提性が中心になっているような文脈において、「バ」は用いられないが「myeon」は可能であるということである。「myeon」は中枢意義の予測性が薄れ、「バ」は予測性を保っていると言うことができる。

5. 第1章のまとめ

第1章では、仮定的条件である予測条件と前提条件を取り上げ、語用論的連続性の観点から対照分析を行った。「バ」「myeon」を中心とする予測条件と「ナラ」「damyeon」を中心とする前提条件は、日本語でも韓国語でも連続していることが分かった。しかし、その連続性は日韓で対応しない。「バ」「myeon」の中枢意義を成す予測性が低い文脈で「ナラ」が用いられやすくなるのに対し、「damyeon」はそうでない。また、予測性が低く前提性がある文脈で「バ」は用いられないが、「myeon」は自然に用いられる。以上の議論に基づき、各形式が有する予測性と前提性の度合いを比較すると、予測性は「バ」＞「myeon」、前提性は「ナラ」＜「damyeon」のように示すことができる。

本章で考察した予測性と前提性は、仮定的条件の最も中心的な意味であると考えられる。予測性と前提性は必ずしも同等のレベルの概念ではなく、相反する概念でもないが、それぞれを仮定的条件の

スケールの極端において、仮定的条件の意味を測ることはできる。予測性が高い仮定的条件は、前件と後件の事態が一つの事態のように結びついていることから、前提性とは関係がない。一方で、前提性がある仮定的条件は、予測性の観点からすると、予測性の低い「個人的必然性」による条件に属する。本章で取り上げた語用論的文脈、及び、予測性と前提性を両極端とする仮定的条件のスケールを示すと次のようである。

表3　日韓条件形式の予測性と前提性

総称的	論理的・自然的	反復的・慣用的	社会的必然性	個人的必然性
バ	バ	バ	バ ナラ	バ ナラ
myeon	myeon	myeon	myeon	myeon ?damyeon

予測性

反事実過去	真偽不明事態	未実現の未来	非現実的	ソース明示的
バ ナラ	バ ナラ	ナラ	ナラ	ナラ
myeon damyeon	myeon damyeon	myeon ?damyeon	damyeon	damyeon

前提性

　四つの形式のうち、最も制約が大きいのは「damyeon」であり、前件が言語表現レベルでソース明示的な場合と非現実的な事態の場合以外は、やや不安定な用法を見せていた。同じく前提性を中枢意義とする「ナラ」は、「damyeon」に比べると前提性が低く、予測性のある文脈でも使える。「バ」は、予測性をある程度保っており、前提性が高くなると使えなくなるが、「myeon」は、予測性が低い文脈でも使えて、四つの形式の中で最も汎用性が高い。第1章の議論から、日韓の仮定的条件における予測条件と前提条件の連続性のメカニズムが明らかになったと思う。

　各形式の文法化や使い分けの面では、「damyeon」は「dago hamyeon」からの文法化が進んでいないことが高い前提性につながっている可能性を指摘した。「ナラ」の場合、「ナリ＋バ」の文法

化は早い時期に終わっており、「伝聞」の意味は表面に現れにくくなっていると考えられ、「damyeon」と対照的である。一方、「バ」は「タラ」「ト」などの形式が予測条件の周辺的な用法を担っていることから、高い予測性を保っていられるのだと考えられる。韓国語では、仮定的条件形式の「geodeun」は「タラ」と違って「myeon」の領域を超えないし、「eoya」は、モダリティ的な意味が独自の条件用法に発達したもので、仮定的条件で「myeon」と競り合うことはほとんどない。このような各言語の事情が、「バ」の制約、「myeon」の汎用性に表れており、さらには、語用論的連続性にも貢献しているのだと考えられる。

＊1 日本語では、条件表現をさらに細かく分類をすることがある。仮定的条件には、有田（2013）の予測的、認識的、反事実的、総称的条件文が属する。このうち、予測的・総称的条件文が本章で言う予測条件に、認識的・反事実条件文が前提条件に当たる。
＊2 本書における仮定的条件は、主題を除けば、前田（1995）の「仮定的」条件と概ね一致する。確定的条件については、既存の研究では「確定的」「事実的」「非仮定的」「既定的」などと呼ばれているが、これらの用語は研究者によって多少意味が異なる。本書でも、一部意味を区別して使用する。
＊3 用言の母音終わりの語幹に付く。子音終わりの語幹に付くときは異形態の「eumyeon」になる。本書では、「eumyeon」と「myeon」をまとめて「myeon」と示す。
＊4 用言の現在形、過去形、意志形などに付く。名詞文の現在形に付くときは「lamyeon」になる。本書では、「damyeon」と「lamyeon」をまとめて「damyeon」と示す。
＊5 「geodeun」は「myeon」と並びよく取り上げられる仮定的条件形式の一つである。「geodeun」は、実現性のある前件、意志・命令・勧誘など働きかけの後件を要求する点で「タラ」と通じるところがあるが、本章では詳論せず、第3章で少し触れる。「eoya」は、特徴的な意味を有し広い条件表現で用いられる形式で、第6章で取り上げる。
＊6 便宜上、本章に限り、グロスにおける「myeon」と「damyeon」をそれぞれ「バ」と「ナラ」に訳して示す。
＊7 「訳すことができる」とは、必ずしもその訳が最も適しているという意味ではない。詳しくは後述する。
＊8 太字になっている方が、もとのコーパスや論文に載っていた形である。以下同様。

*9　ただし、(37b) は、韓国語に訳した場合、意味によって「myeon」も「damyeon」も用いられると思われる。詳しくは4.1で述べる。

*10　現代日本語書き言葉均衡コーパス少納言（日本語）とSJ－RIKSコーパス（韓国語）で、「～たい」「~sip－」に後接する予測条件と前提条件を検索してみると、日本語は「～たければ（255）：～たいなら（350）」と「ナラ」の例が多いが、韓国語は「sipeumyeon（243）：sipdamyeon（67）」と「myeon」の例が多い。単純比較ではあるが、他人の心的状態を条件の前件として提示する場合、日本語は「ナラ」が、韓国語は「myeon」が用いられやすいという傾向が分かる。

第2章
前提条件と主題の連続性

　本章では、いわゆる条件と主題が連続しているという普遍的な議論を踏まえ、日本語と韓国語における条件と主題の連続性について考察する。ここで言う条件とは一般に仮定的条件を指すが、本書では、その中でも主題と連続しているのは前提条件（第1章参照）であると見て、日韓の前提条件（「ナラ」、「damyeon」）と主題表現（「ハ」、「neun」）の連続性を、語用論的連続性の観点から対照的に分析する。

1. 条件と主題の連続性について

　Haiman（1978）が条件（仮定的条件）と主題の関係に言及して以来、日韓の文法においても関連指摘はあったものの、言語データの分析・記述による本格的研究はほとんど行われていない。Haiman（1978）は、ある言語における条件文が別の言語では主題として表れることを指摘し、条件と主題は関連性があると述べている。本章で取り上げる日本語と韓国語においては、歴史的に、「バ（←ハ）」「タラ（バ）」「ナラ（バ）」「myeon（← myeo+neun）」のように、条件形式の一部に主題形式が用いられていることが分かっている[1]。意味論的・論理学的にも、主題と条件は類似性が認められる。ク・ヒョンジョン（1989b）は条件の談話前提性、既存性、限定性、対照性、ついて性（aboutness）などの性質が主題のそれと共通すると論じており、キム・ジョンラン（2010a）も韓国語の主題と条件は、前件が後件の部分集合になるという点で、論理学的に類似する概念であると指摘している。日本語においても、Akatsuka（1986）が、条件は対比的主題（contrastive topics）であるとしているほか[2]、有田（1992）は、「ハ」の主題文がどの

ような場合に条件的解釈を受けやすいかについて論じている。さらに、特定の言語形式が主題にも条件にも用いられる現象が記述的に考察されている。丹羽（1993）、及び、岩男（2008）はそれぞれ、「といえば」、「ときたら」など一部の条件表現が主題となり得ることに言及しており、田中（1985）は、「テハ」の提題的な機能を特徴づけている。蓮沼・有田・前田（2001）では「ナラ」が条件と主題に用いられ得ることを具体的な例で示している。条件と主題が連続していることは、一般論として認められていると言える。

　ところで、条件と主題は、論理学的・意味論的に共通性を有するが、言語表現として決定的な違いがある。それは、条件は二つの事態をつなぐ複文で、主題は一つの事態を表す単文であるということである。これまで、二つのカテゴリー間の概念的な共通性を指摘する研究は多々あったが、具体的な言語事実をもって両カテゴリー間の連続性を分析しているものはほとんど見当たらないのは、そのためであろう。ところが、日本語には、「ナラ」（韓国語では「damyeon」）という、条件形式が主題にも用いられる確かな言語事実がある。その言語事実の分析を通じて、条件と主題の連続性はより精密に説明できると考えられる。ただ、日本語だけを見つめていても見えてこない部分は存在する。本書は、韓国語との対照分析によって、条件と主題における連続性のメカニズムが明らかになると考える。

2. 前提条件と主題

　条件と主題が連続していると言うときの条件とは、仮定的条件のことである。第1章では、仮定的条件を予測条件と前提条件に分けて考察したが、現実的に主題へより近づくのは前提条件である[*3]。「ナラ」「damyeon」で示される前提条件とは、話し手以外のソースによる事態を前件に提示し、それを前提とする形で、後件で意志や働きかけなどを述べるものだった。主題の規定は難しいが、基本的に「旧情報」で、「述部でそれについて述べる」という特徴を認めるなら、前提条件と相通じるものがあると言える。

さて、本書では、条件が主題になっていくメカニズムに注目し*4、複文の条件文から単文の主題文に用いられる「ナラ」の用法から観察していく。以下は、典型的な前提条件から、名詞化した文を経て（「ノナラ」）、主題文に至るまでの「ナラ」の広がりを見せている*5。

（1）　明日のコンサートに行くことにしたよ。
　　　　あなたが行くなら、私も行くわ。　　（蓮沼・有田・前田2001）
（2）　a.　今も元気でいるなら、今年でもう70歳になります。
　　　　　　　　　　　　　　　　　　　　　（蓮沼・有田・前田2001）
　　　b.　あいつが盗んだなら、私の前で平気な顔でいられるはずがない。　　　　　　　　　　　　　　　　　　（前同）
（3）　この湖で泳いでもいいですか。
　　　　昼に泳ぐのなら、大丈夫です。
（4）　今度の首相は田中氏になるらしい。
　　　　やり手でしかも人柄がいい田中氏なら、今の困難な政局を乗り切ることができるだろう。　　（蓮沼・有田・前田2001）
（5）　山本さんは、ピアノが弾けますか。
　　　　山本さんなら、ピアノが上手ですよ。
　　　　　　　　　　　　　　　　　　　　（日本語記述文法研究会2009）
（6）　おなか空いたなあ。何か作って。
　　　　スパゲティなら作れるけど。　　（日本語記述文法研究会2009）

（1）（2）は、第1章で観察した、前提性の高い前提条件である。（3）は、「ナラ」に先行する事態が「ノ」によって名詞化しているが、「ナラ」だけでも可能で、前提条件に属すると言える。（4）は、名詞句に「ナラ」がついているが、意味上、修飾部分である「やり手でしかも人柄がいい」ことを前件の事態として提示しており、特定の事態を前件に提示する前提条件に近いと言える。（5）（6）は、単独の名詞に「ナラ」が付いた文であるが、「ナラ」に前提性の意味が残っているとするなら、「山本さんのこと」「スパゲティのこと」を一つの事態として前提し、後件を述べているのであると見ることができる。（4）（5）のような用法は、「ナラ」の主題用法として定着しているようであるが、「対話の相手が言った内容や、先行

する対話の内容から予測できるようなことを話題として取り上げてXに表し、それについての判断や意志、相手への働きかけなどをYに表す(主題用法)」(蓮沼・有田・前田2001)という意味は、(1)に見られる「ナラ」の前提性と重なる部分が多い。(3)や(6)の場合、「対比」用法として(4)や(5)のような用法と区別する見方もあるが(日本語記述文法研究会2009)、本書は、この用法も対比的な「主題」用法と見て考察の範囲に含める*6。

以上の「ナラ」の用例は、言語表現において、複文からなる条件と単文からなる主題がどのように連続しているかを窺わせてくれる。以降は、議論をシンプルにするため(4)〜(6)のように名詞句に付く「ナラ」が、典型的な主題とどのようにつながるかを分析していく。本章で取り上げる典型的な主題の形式は、「ハ」(日本語)及び「neun*7」(韓国語)である。

3. 前提条件と主題における語用論的連続性

前節で見た(1)〜(6)で、「ナラ」はその前提性を何らかの形で保っている可能性について指摘した。典型的な主題「ハ」「neun」と区別するため、文の種類と関係なく、前提性を有する「ナラ」(及び、「damyeon」)を前提条件と呼ぶことにする。日本語でも韓国語でも、前提条件と主題の間に語用論的連続性が起こる場合と起こらない場合があるが、その様相は異なっている。本節では、まず前提条件と主題が語用論的連続性を有する場合とそうでない場合の用例を、日本語と韓国語で確認する。

前提条件と主題の間に語用論的連続性がある例から見てみる。(7)(8)の日本語の例は、「ナラ」が「ハ」に変わっても(微妙な意味の違いはあるものの)文法的に問題がないだけではなく、談話の流れに大きな影響を与えない。(9)(10)の韓国語の例でも、「damyeon*8」と「neun」の間に語用論的連続性がある*9。

(7) 寒い国{**なら**/は}、どんな家にも開口部は造られているわ。
(8) 山本さんは、ピアノが弾けますか。
山本さん{**なら**/は}、ピアノが上手ですよ。(←(5))

(9) 민주주의 국가 {**라면**/는} 어떤 이유로든 법을 어기는 행위가 칭찬 받아서는 안 된다.
minjujuui gugga- {**lamyeon**/neun} eotteon iyulodeun beob-eul eogi-neun haengwi-ga chingchan bada-seo-neun an doe-nda.
(民主主義 国家-{**ナラ**／ハ} どんな 理由でも 法-を 破る-[連体] 行為-が 賞賛 受ける-[条件][否定] なる-[叙述].)
(民主主義国家なら、どんな理由でも法律を破る行為が褒められてはいけない)

(10) 의상설계과 오 씨 부인이야.
uisangseolgyegwa o ssi buin-i-ya.
(衣装設計科 オ さん 婦人-[指定]-[汎用].)（衣装設計科のオさんの妻だ）
그 사람 {**이라면**/은} 엊그제도 본 것 같은데.
geu salam {**ilamyeon**/eun} eojgeuje-do bo-n geos gate-unde.
(その 人 {**ナラ**／ハ} 昨日-も 見る-[連体] こと 同じだ-[婉曲].)
(その人なら、昨日も見たような気がするんだけど)

次は、前提条件と主題の間に語用論的連続性が起こらない例を確認するが、前提条件の主題への連続性を中心に見るという本章の趣旨から、前提条件が使えて主題が使えない場合を中心に、日韓の用例を示す。

(11) もし作家が故人{**なら**／*は}、だれでもその名前を使ってものを書くことができる。
(12) やり手でしかも人柄がいい田中氏{**なら**／?は}、今の困難な政局を乗り切ることができるだろう。(＝(4))
(13) 최소한 한국어 교사 {**라면**/?는} 그 정도는 알고 있어야 한다.
choesohan hangugeo gyosa- {**lamyeon**/?neun} geu jeongdo-neun al-go iss-eoya ha-nda.
(少なくとも 韓国語 教師-{**ナラ**／?ハ} その 程度-は 知る-[進行]-[必須] する-[叙述].)

(少なくとも韓国語教師なら、それ位は知っているべきである)

(14) 형님 {이라면/??은} 박태수 씨 말씀이신가요?
hyeongnim- {ilamyeon/??eun} bagtaesu ssi malsseum-i-si-nga-yo?
(お兄さん-{ナラ/??ハ} パクテス さん 言葉(尊敬)-[指定]-[尊敬]-[疑問]-[丁寧]?)
(お兄さんなら、パクテスさんのことですか)

予測条件と前提条件の連続性の場合と同じく、前提条件と主題の連続性においても、日韓で違いがある。次節では、語用論的文脈を分類しながら、「ナラ」と「ハ」、「damyeon」と「neun」における語用論的連続性のズレを分析していく。

4. 日韓の語用論的連続性の違い

前提条件は、典型的には外部ソースによる前件と事態と後件からなる。ここでは、「ナラ」や「damyeon」に先行する名詞の役割を基準に、語用論的文脈を六つに分類する。

第1の文脈は、「ナラ」「damyeon」の先行名詞句が文の統語上の述語になっており、主語も現れている、前件の事態が名詞文「AがBであるなら」の形になっている典型的な前提条件と言える。このような場合、「ハ」「neun」は用いられず、「ナラ」「damyeon」しか使えない。

(15) もし作家が故人{なら/*は}、だれでもその名前を使ってものを書くことができる。(=(11))

(16) もし、畑山由加さんがあなたの愛人{なら/*は}、彼女にも、あなたの奥さんを殺す動機があることになるんですが…。

(17) 다만 상대가 어려운 사람 {이라면/*은} 가벼운 목례 정도가 적당하다.
daman sangdae-ga eolyeoun salam- {ilamyeon/*eun} gabyeou-n moglye jeongdo-ga jeogdangha-da.

(ただし 相手-が 難しい 人-{ナラ／*ハ} 軽い-[連体] 目礼 程度-が 適当だ-[叙述].)

(ただし、相手が近寄りがたい人なら、軽い目礼位が適当である)

(18) 니가 내 친구 {**라면**/*는} 저 자식 앞에서 그런 소릴 하지 말았어야 했어.

ni-ga nae chingu- {**lamyeon**/*neun} jeo jasig ap-eseo geuleo-n soli-l ha-ji mal-ass-eoya hae-ss-eo.

(君-が 私の 友達-{ナラ/*ハ} あいつ 前-で そうだ-[連体] 言葉-を 言う-[禁止] - [過去] - [必須] する-[過去] - [汎用].)

(君が私の友達なら、そんなことを言うべきではなかった)

　第2の文脈は、主語に相当するものが言語化されていなくても、先行談話に登場しているか、談話から明示的である場合である。この場合、主語が現れている名詞文と大きく変わらず、「ナラ」「damyeon」しか使えない。名詞は第1文脈と同じく述語的で、それが現実で何（誰）のことについて述べているかがはっきり分かっているほど、「ハ」「neun」が用いられにくいことが分かる。

(19) とても大切なお友達 {**なら**/*は}、「彼は仕事の都合でこれませんが。」と言い、貴方だけでも参列されてはどうでしょう？

(20) 学生 {**なら**/?は} 学生らしくしろ。

(21) 다만 소설을 쓰겠다고 생각하시는 분 {**이라면**/*은} 저와 개인적으로 만납시다.

daman soseol-eul sseu-gess-dago saenggagha-si-neun bun- {**ilamyeon**/*eun} jeo-wa gaeinjeog-eulo manna-bsida.

(ただし 小説-を 書く-[意志] - [引用] 考える-[尊敬] - [連体] 方- {ナラ/*ハ} 私-と 個人的-に 会う-[勧誘].)

(ただし、小説を書きたいと考えていらっしゃる方なら、私と個人的に会いましょう)

(22) 최소한 한국어 교사 {**라면**/?는} 그 정도는 알고 있어야 한다. (= (13))

choesohan hangugeo gyosa- {la**myeon**/?**neun**} geu jeongdo-neun al-go iss-eoya ha-nda.

(少なくとも 韓国語 教師-{**ナラ**/?**ハ**} その 程度-は 知る-[進行]-[必須]する-[叙述].)

(少なくとも韓国語教師なら、それ位は知っているべきである)

　第3の文脈は、先行名詞が統語上の述語ではない場合である。このような場合でも、先行名詞が一つの事態をなすような場合、「ナラ」「damyeon」の方が用いられやすく、「ハ」「neun」は不自然になることが多い。以下の用例は、(15)～(22)とは異なり、「ナラ」「damyeon」の先行名詞句が述語名詞ではなく、かつ、実在する人やものを指す指定的名詞という特徴がある。また、先行名詞を修飾する部分がある場合が多いが、それがなくても、指定的名詞の場合、その名詞が表す人やものの性質が分かっていてそのことを取り上げることが多いので、当該名詞だけでも一つの事態を表すことができると考えられる。ただ、修飾部分がなければ、「ハ」「neun」の容認度は上がると思われる。

(23) やり手でしかも人柄がいい田中氏{**なら**/?は}、今の困難な政局を乗り切ることができるだろう。(←(4))

(24) 貴女のこと愛してる彼{**なら**/?は}、30秒くらいで「もういいよ」って言ってくれるかも。

(25) 지금까지 보아온 정찬 씨 {**라면**/?는} 우정 쪽으로 가지 않을까?

jigeum-kkaji boao-n jeongchan ssi- {la**myeon**/?**neun**} ujeong jjog-eulo ga-ji anh-eulkka?

(今-まで 見てくる-[連体] チョンチャン さん-{**ナラ**/?ハ} 友情 側-へ いく-[否定]-[疑問]?)

(これまで見てきているチョンチャンさんなら、友情の方へいくんじゃないかな)

(26) 숲을 잘 아는 박기철 {**이라면**/?은} 진흙밭을 피해다닐 수도 있었을 것이다.

sup-eul jal a-neun baggicheol- {ila**myeon**/?**eun**} jinheulgbat-eul pihaedani-l sudo iss-eoss-eul geosi-da.

（森-を よく 知る-［連体］パクギチョル-{ナラ/?ハ} 泥畑-を 避ける-［可能］-［過去］-［推量］-［叙述］.）

（森をよく知っているパクギチョルなら、泥畑を避けて逃げられていただろう（逃げることもできただろう））

　第4の文脈は、いわゆる「ナラ」の主題用法を示す典型的な文脈の一つである*10。この文脈では、日本語では「ナラ」と「ハ」、韓国語では「damyeon」と「neun」のどちらも用いられる。この文脈の特徴は、先行談話が、「ナラ」などに先行する対象に関する直接的な情報を求めるものになっている点である。直接的な情報とは、その対象を聞き手が知っているかどうか、その対象の所在などである。

(27)「神部さんは？」「彼 {**なら**／は}、ずいぶんまえに帰りました。」
(28)「あんた、浅岡郁夫という男を知っているかね？」
　　　「浅岡さん {**なら**／は}、よく知っています。」
(29)「여기 혹시 신동렬이라는 군의관 중위가 근무하지 않나요?」（中略）
　　　「yeogi hogsi sindonglyeol-ilaneun gunuigwan jungwi-ga geunmuha-ji anh-na-yo?」
　　　（ここ ひょっとして シンドンリョル-という 軍医 中尉-が 勤務する-［否定］-［疑問］-［丁寧］?）
　　　（ここにひょっとしてシンドンリョルという軍医の中尉が勤務していませんか）
　　　「신동렬 중위님 {**이라면**／은} 틀림없이 이 병원에 근무하십니다.」
　　　「sindonglyeol jungwinim- {**ilamyeon**/neun} teullimeobsi i byeongwon-e geunmuha-si-bnida.」
　　　（シンドンリョル 中尉- {**ナラ**／ハ} 確かに この 病院-に 勤務する-［尊敬］-［叙述］.）
　　　（シンドンリョル中尉なら、確かにこの病院に勤務されています）
(30) 아, 김선애 씨요? 김선애 씨 {**라면**／는} 이층 207호로 가 보십시오.

a, gimseonae ssi-yo? gimseonae ssi- {**lamyeon**/neun} icheung 207ho-lo ga bo-sibsio.

(ああ キムソネ さん-［丁寧］？キムソネ さん-｛**ナラ**／ハ｝2階307号-へ行く（-［連用］）みる-［尊敬］-［命令］.)

(ああ、キムソネさんですか。キムソネさんなら、2階の207号へ行ってみてください)

第5の文脈は、(27)～(30)と類似しているが、先行談話が、「ナラ」などに先行する対象に関する直接的な情報を求めるものになっているのではなく、その対象に関する属性的な情報や周辺的情報を求めるものになっている。この場合、日本語と韓国語で違いが見られる。日本語では、「ナラ」と「ハ」が可能であるが、韓国語では「damyeon」は不自然で「neun」のみが可能である。韓国語の用例が見つからなかったため、日本語の用例を訳して示す。

(31) 山本さんは、ピアノが弾けますか。

　　　山本さん｛**なら**／は｝、ピアノが上手ですよ。(＝(8))

(32) そろそろ家賃を払っていただきたいんですが。

　　　家賃｛**なら**／は｝、昨日銀行に振り込みました。

　　　　　　　　　　　　　　　(蓮沼・有田・前田2001より修正)

(33) 야마모토 씨는 피아노를 칠 수 있습니까? ((31)の韓国語訳)

　　　yamamoto ssi-neun piano-leul chi-l su iss-eubnikka?

　　　(山本 さん-ハ ピアノ-を 弾く-［可能］-［疑問］?)

　　　야마모토 씨 {??라면/는} 피아노를 잘 쳐요.

　　　yamamoto ssi- {??lamyeon/ neun} pianoleul jal chy-eoyo.

　　　(山本 さん-｛??ナラ／ハ｝ピアノ-を よく 弾く-［丁寧］.)

(34) 슬슬 월세를 내 주셨으면 합니다. ((32)の韓国語訳)

　　　seulseul wolseleul nae ju-sy-eoss-eumyeon ha-bnida.

　　　(そろそろ 家賃-を 出す(-［連用］)くれる-［尊敬］-［過去］-myeon 思う-［叙述］.)

　　　월세 {?라면/는} 어제 은행에 입금했습니다.

　　　wolse- {?lamyeon/neun} eoje eunhaeng-e ibgeumha-ess-seubnida.

　　　(家賃-｛?ナラ／ハ｝昨日 銀行-に 入金する-［過去］-［叙

述].)

　蓮沼・有田・前田（2001）では、以下のような例も、このタイプに属する例として挙げている。対象の名詞が直接的情報を求められるのではなく、先行談話に単に登場しているだけであるという点で、(31)〜(34)の拡張と言える。日本語では、「ナラ」と「ハ」がどちらも用いられるが、韓国語では、「damyeon」が全くダメなわけではないが、一般的に「neun」になりやすい。

(35) ビール{**なら**／**は**} ビアガーデンに限る。

　　　　　　　　　　　　　　　（蓮沼・有田・前田2001より修正）

(36) a.　라면-{?이라면/**은**} 롯데 라면, 우리 입맛에 그만이지.

　　　　lamyeon-{?ilamyeon/**eun**} losde lamyeon, uli ibmas-e geuman-i-ji.

　　　　（ラーメン-{?ナラ/**ハ**} ロッテラーメン、私達 好み-に ピッタリ-[指定]-[主張].)

　　　　（ラーメンならロッテラーメン、我々の好みにピッタリだ）

　　b.　원료에서도 공법에서도 맥주-{?라면/**는**} 역시 하이트입니다.

　　　　wonlyo-eseodo gongbeob-eseodo maegju-{?lamyeon/**neun**} yeogsi haiteu-i-bnida.

　　　　（原料-でも 工法-でも ビール-{?ナラ/**ハ**} やはり ハイト-[指定]-[叙述].)

　　　　（原料でも工法でも、ビールならやはりハイトです）

　第6の文脈は、「ナラ」のいわゆる対比用法とされるものである。この場合も、日韓で(31)〜(36)と同様のズレが見られる。このような用法で、「ナラ」などに先行する名詞は、先行談話に直接出ているものではないが、先行談話から導かれた内容である。日本語では、「ナラ」「ハ」が用いられるが、韓国語では「damyeon」はやや座りが悪い[*11]。

(37) おなか空いたなあ。何か作って。

　　　　スパゲティ{**なら**／**は**} 作れるけど。(=(6))

(38) 다룰 줄 아는 악기가 있나？　　　　　　　　　　　　（作例）

第2章　前提条件と主題の連続性　　39

dalu-l jul a-neun aggi-ga iss-na?
(扱う-［可能］-［連体］楽器-が ある-［疑問］?)
(演奏できる楽器があるかい？)
피아노 {?라면/는} 좀 치는데요.
piano-{?lamyeon/neun} jom chi-neunde-yo.（ピアノ）
(ピアノ-{?ナラ/ハ} ちょっと 弾く-［婉曲］-［丁寧］.)
(ピアノなら少し弾けますが)

　以上の語用論的文脈と、用いられる日韓の形式を示してみると次の通りである。以降の説明の便宜上、文脈番号は①〜⑥と示す。

表4　前提条件と主題の連続性と日韓条件形式

番号	代表例	日本語	韓国語
① (15)〜(18)	もし作家が故人{**なら**／*は}、だれでもその名前を使ってものを書くことができる。	ナラ	damyeon
② (19)〜(22)	とても大切なお友達{**なら**／*は}、「彼は仕事の都合でこれませんが。」と言い、貴方だけでも参列されてはどうでしょう？	ナラ	damyeon
③ (23)〜(26)	貴女のこと愛してる彼{**なら**／?は}、30秒くらいで「もういいよ」って言ってくれるかも。	ナラ ?ハ	damyeon ?neun
④ (27)〜(30)	浅岡さん{**なら**／は}、よく知っています。	ナラ ハ	damyeon neun
⑤ (31)〜(36)	山本さん{**なら**／は}、ピアノが上手ですよ。	ナラ ハ	?damyeon neun
⑥ (37)〜(38)	スパゲティ{**なら**／は}作れるけど。	ナラ ハ	?damyeon neun

　表4から、「ナラ」のみ可能な文脈〜「ハ」も同等に自然な文脈に至るスケールにおける、「ナラ」「ハ」「damyeon」「neun」の語用論的連続性を確認することができる。その連続性は日韓でズレがあり、最も違うのは、「ハ」も自然になる文脈⑤、⑥における「ナラ」と「damyeon」の非対称である。次節では、この点を中心に分析を行う。

5.「ナラ」と「damyeon」の意味と主題

　蓮沼・有田・前田（2001: 52）は、「ナラ」と「ハ」の連続性が見られる（27）〜（36）（④、⑤）のような文脈において、「ハ」と異なる「ナラ」主題の特徴について、「ナラのかわりにハを使った場合、相手の話を受けるという意味にはなりません。そのため、相手の言ったことを「無視している」という印象を相手に与える恐れがあります」と述べ、「ナラ」に「相手の話を受ける」という意味合いがあることを指摘している。相手の話を受けるとは、「あなたが言っているのがXであるなら」と前提することに他ならない。即ち、第1章で見た前提条件の前提性である。しかし、「ナラ」と「damyeon」の前提性は、主題との連続性においても異なる特徴を見せる。

　日本語の先行研究では（31）〜（34）の用例も、「ナラ」の一般的な主題用法に含まれるが、本書の立場からすると、これらは（27）〜（30）（④）とは異なる語用論的文脈である。（27）〜（30）（④）は、「ナラ」などに先行する対象（X）そのものが、先行談話において質問などによって直接的な情報を求められており、その質問を受けた話し手は、「あなたが言っているのがシンドンリョル中尉であるなら」（29）、「あなたが言っているのがキムソネさんであるなら」（30）などと前提し、述部でその情報を提供する形になっている。しかし、（31）〜（34）は、主題名詞が表す対象が先行談話で話題になってはいるが、述部で述べている内容は、その対象に関する属性的・一般的な内容であって、わざわざ「あなたが言っているのがXであるなら」と前提する必要がない文脈なのである。

　韓国語では、④、⑤のような文脈で「damyeon」を用いなくても相手の言ったことを無視しているというようなニュアンスは生じない。逆に、ここで「damyeon」を用いると、対象をある事態として取り上げ、何らかの推量を行っているような印象が生じてしまい、述部の内容と単に結びつけるような文には相応しくないのである。言い換えると、「damyeon」は「AがBであるなら」という形

で、先行部分を、事態を表す名詞文として取り上げて、後件で別の事態を述べるという用法、即ち、前提条件の用法を頑なに保っているのである。「damyeon」における「Aが」の部分は、統語的に談話明示的である。「damyeon」が自然に用いられるのは、①〜③のように、前件が統語的に一つの事態として解釈される場合を除くなら、④のように、先行談話で対象に関する直接的な質問をされるときか、(14)のように「(i) lago hamyeon」(〜とすれば、〜と言えば、〜とは)に言い換えられる場合だけである。

　一方で、「ナラ」の前提性には柔軟性が見られる。「damyeon」が用いられない(31)〜(36)(⑤)で、「ナラ」は、「あなたが言っているのが山本さんのことであるなら」、「あなたが言っているのが家賃のことであるなら」のような意味で対象を取り上げ、述部でそれに関する内容を述べる用法として問題なく用いられる。「ナラ」は、言語化されていない、又は、明示的ではない「Aが」の部分を談話文脈から補い、名詞を事態として取り上げることができるのである。このような「ナラ」の特徴は、統語上の前提性を要求する「damyeon」とは異なるもので、前章で観察した低い前提性と相通ずるものである。前提性が薄まることで、予測条件にも主題表現にも用いられるようになると考えられるのである。「ナラ」主題の意味特質そのものは前提条件から来ているが、「ナラ」は、前提条件の意味特質を生かしたまま主題構造にも用いられることで、独自の領域を発達させていると考えられる。

　以上のような説明は、(37)〜(38)(⑥)の対比にも当てはまる。これらにおける「ナラ」と「damyeon」の先行名詞「スパゲティ」「ピアノ」そのものは先行談話に登場していない。(37)の「ナラ」は、「食べてもよい料理がスパゲティであるなら」というような意味で用いられているのかもしれない。ところが、韓国語の(38)は、第1に、先行談話に出ていない「ピアノ」を引き継ぐことは難しいという点、第2に、「damyeon」を用いると前件を提示した上で何かの推量を行っているようなニュアンスが生じてしまい、述部の内容と釣り合わないという点で、「damyeon」を用い「楽器がピアノであるなら」と前提することは難しいと思われる。このよ

うな文脈では、他の楽器はダメだけど、ピアノは弾ける、といった意味で「neun」の対比主題にすればよいわけである*12。

これまで、「damyeon」は前提条件における前提性をほとんどそのまま維持しており、「ナラ」はそうでないが故に、主題との連続性において違いが見られるということを主張した。前提条件の「damyeon」の場合、「ナラ」に比べて文法化が進んでいないと指摘したが、主題と連続する「damyeon」の場合も同じことが言える。名詞につく形である「(i) lamyeon」の用例を観察してみると、「(i) lago hamyeon」(〜とすれば、〜と言えば、〜とは) に言い換えられる用例が多々見つかる。「(i) lamyeon」は、指定詞の「i (da)」(だ・である) と前提条件語尾「damyeon」が結合した形であるが、同じ指定詞由来の「(i) na」(でも)、「(i) deun」(とか)などに比べ、叙述の意味が強く残っていると言える。「damyeon」は「ナラ」とは違い、助詞として定着していないのである*13。ある意味、「ナラ」が積極的に主題構文を形成するなら、「damyeon」は、たまたま文構造が主題構造になっている場合のみ主題の働きをするわけである。日韓の、前提条件と主題における語用論的連続性のズレの本質はここにある。

6. 第2章のまとめ

第2章では、日韓の前提条件(「ナラ」、「damyeon」)と主題(「ハ」、「neun」)における連続性の違いを、語用論的文脈を観察しながら対照的に分析した。日本語でも韓国語でも、前提条件と主題の間に連続性が見られる点では共通しているが、その中身は異なっている。本章では、名詞文を前件とする前提条件から、主題構造をしている文まで、語用論的文脈を段階的に分類し、日韓の四つの形式の現れ方を観察した。その結果、「damyeon」は統語上の前提性を維持する傾向があり、「ナラ」はそのような前提性は薄れ、言語化されていない部分を前提的に取り上げることで、主題用法にも用いられることを確認した。また、文法化が進まず主題として定着していない「damyeon」に対し、「ナラ」は独自の主題用法を定着さ

せていることを見た。

　「damyeon」が主題助詞として定着していない点と関連し、本章では取り上げていないが、指定詞に予測条件の「myeon」が結合した「(i) myeon」(〜であれば)なども名詞につき、「ナラ」のように用いられる場合がある。

(39) 중학교 때부터 친구면 되게 오래된 친구겠어요?
　　　junghaggyo ttae-buteo chingu-myeon doege olaedoe-n chingu-gess-eoyo?
　　　(中学校 とき-から 友達-myeon とても 長くなる-［連体］友達（-［指定］)-［推量］-［丁寧］?)
　　　(中学校のときからの友達なら、とても長い友達でしょうね)

(40) 순수 아마추어 초·중·고교 학생이면 누구나 참여할 수 있다.
　　　sunsu amachueo chojunggogyo hagsaeng-imyeon nugu-na chamyeoha-l su iss-da.
　　　(純粋 アマチュア 小中高校 学生-imyeon 誰-でも 参加する-［可能］-［叙述］.)
　　　(アマチュアの小中高校生なら、誰でも参加できる)

　概ね、本章で取り上げた「damyeon」の用例は、「myeon」に置き換えることができると思われる。これは、第1章で考察した「myeon」の汎用性と一脈通ずる現象である。「damyeon」が「myeon」に比べ文語的な印象があるのも、「damyeon」の高い前提性による制約と「myeon」の汎用性に起因するものと考えられる。

---

*1　Traugott (1985: 289) によると、条件形式は言語普遍的に、可能や願望等を表す助動詞、疑問詞、存在を表す繋辞、主題形式や指示詞、時間関係の形式などから転成されるという。
*2　Akatsuka (1986) の議論そのものは、条件は旧情報であるとする Haiman (1978) の主張に対する反論になっているが、条件は主題であるという趣旨には同意している。
*3　本書の立場では、予測条件、前提条件、主題表現が仮定的条件に属する。

図1参照。
*4　ク・ヒョンジョン（1989b）では、韓国語の条件と主題の概念を分析し、条件だけがもつ「時間性」と「仮定性」故に、「すべての条件は主題になるが、すべての主題が条件になるわけではない」としている。このことは日本語にも当てはまると考えられる。
*5　鈴木（1993）は、名詞につく「ナラ」と活用形につく「ナラ」は別物であるとしているが、本書ではこれらを同じものと見なす。本章では、なぜそのように見ることができるかに関する議論が行われる。一方で、高梨（1995）は、条件と主題の「ナラ」が同じものであると見て、その連続している例に注目している点で、本書の趣旨と一致する。
*6　このような場合、取り上げられた名詞が「旧情報」ではないという見方があり得るが、これら対比主題名詞は、「泳ぐ→昼に泳ぐ」「何か食べるもの→スパゲティ」のように、先行談話にすでに登場している概念の下位カテゴリーで、同類の下位カテゴリーとして考えられる他の候補（「夜に泳ぐ」「ラーメン」など）と対比的に提示されているという点で、広い意味の旧情報と見ることができる。「ナラ」だけではなく、「ハ」などによる対比主題に関しても同じことが言える。
*7　母音終わりの名詞に付く形。子音終わりの名詞には異形態の「eun」が付く。本章では、代表形式として「neun」を用いる。
*8　「damyeon」は名詞句に後接するとき、名詞文に付く場合と同じように、異形態の「lamyeon」になる。なお、この形は、子音終わりの名詞の後では「ilamyeon」となる。本章では、韓国語例のローマ字表記以外では、これらの代表形式として「damyeon」を用いる。
*9　便宜上、本章に限り、グロスにおける「damyeon」と「neun」をそれぞれ「ナラ」と「ハ」に訳して示す。
*10　(23)をこの文脈の「ナラ」用法と一緒にする見方もあるが、名詞が先行談話に登場していたとしても、修飾部分がつく場合とつかない場合は、区別した方が「ナラ」の理解に役立つと考えられる。
*11　(38)は、コーパスの用例を修正したものである。
*12　もちろん、「ピアノを弾けます」あるいは「ピアノ、弾きます」のように格助詞や無助詞表現が用いられる可能性も十分ある。主題表現にするなら、「neun」の対比主題を用いるということである。
*13　韓国語辞書では、名詞句に付く助詞としての「(i) lamyeon」を見出し語にしているものとしていないものがある。徐希妊（2015）は、助詞としての「(i) lamyeon」の用法を三つに分けているが、本章における①、③、及び、(36)にそれぞれ当たる。徐希妊（2015）では、(36)のような場合のみ、条件節としての意味がなくなっているとしている。

第3章
予測条件と継起の連続性

　本章では、予測条件と継起を表す表現の連続性について論じる。図1で示した通り、予測条件は仮定的条件、継起は確定的条件である。第1章と第2章で論じた2種類の連続は仮定的条件の中で起こるものだったが、仮定的条件と確定的条件の間の連続は、その本質的な違いから、これまでとは異なるメカニズムによって行われる可能性がある。日本語では、仮定的条件と確定的条件が「タラ」によって連続しているが、韓国語ではそのような形式がなく二つの条件の間に連続性が見られない。ところが、日本語と韓国語を語用論的連続性の観点から対照的に分析することで、「タラ」がどのようなメカニズムで予測条件と継起を併せ持つようになるかが明らかになると考えられる。本章では、「タラ」と関連形式を取り上げ仮定的条件と確定的条件の間の連続性を解明するとともに、対照分析を通して、日韓の関連形式の意味用法を再考する。

1. 仮定的条件と確定的条件の連続性と日韓対応形式

　これまで、仮定的条件として予測条件の「バ」「myeon」と前提条件の「ナラ」「damyeon」を取り上げたが、「タラ」は「バ」の予測条件や「ナラ」の前提条件に用いられることがあり、仮定的条件形式の一つである。さらに、「タラ」は継起を表すことがあり、確定的条件形式でもある。本書における仮定的条件と確定的条件の定義をもう一度示すと、次のようである。
(1) a. 仮定的条件：前件（条件節）で、現実世界に起こっていない事態を取り上げ、後件（結果節）で、それと因果関係にある事態を述べるもの。
　　b. 確定的条件：前件（条件節）で、現実世界に起こって

いる事態を取り上げ、後件（結果節）で、それと因果関係にある事態を述べるもの。

「タラ」の意味について、先行研究では「前件で時空間の中に実現する個別的な事態を表し、後件でその実現に依存して成立する別の個別的事態を導入する」「個別的事態間の依存関係」（益岡1993b: 3-4）を表すものと定義する。個別的事態間の依存関係という概念は、本書では具体的に言及していないが、予測性の低い予測条件、例えば、個人的な必然性による予測条件と相通ずるところがあるようである。本章では、「タラ」の仮定的条件の用法が前提条件ではなく予測条件により近いと考え*1、まず予測条件の「バ」と「タラ」の語用論的文脈における棲み分けを、韓国語と対照しながら確認していく。それから、「タラ」の継起用法を対照的に分析した後、「タラ」がどのようなメカニズムで仮定的条件から確定的条件へつながるかについて考察する。

韓国語では、仮定的条件を表す「タラ」に対応するのは、汎用性の高い予測条件の「myeon」である。「myeon」の一部の用法は、「geodeun」に置き換えることができる。確定的条件の「タラ」は、主に「nikka」が対応するが、「deoni」「eossdeoni」「ja」などもそれぞれ固有の意味を持って「タラ」と対応する*2。日本語の「テ」にも継起用法があり、韓国語では「eoseo」「go」が対応する*3。「タラ」と「nikka」については、それぞれ先行研究が多々ある。ここでは、先行研究を踏まえつつ、日韓対照分析を通じて仮定的条件と確定的条件の間の連続性がより深く理解できることを示す。

2.「タラ」と「バ」の語用論的連続性と個別条件

2.1　「タラ」に置き換えにくい「バ」

「バ」は予測条件の代表形式で、予測性が高いものとしては、前件と後件の事態の総称的、論理的・自然必然性に基づく次のような例があった。韓国語は「myeon」によって表される。

(2) a. ちりも積もれば山となる。　　　　　　　　（益岡1993b）

  b. $(2x-5)(x+3)$ を展開すれ<u>ば</u>、$2x^2+x-15$ となる。

（国研 1981）

  c. 努力すれ<u>ば</u>必ず報われるものだ。 （益岡・田窪 1992）

(3) a. 하나에 둘을 더하<u>면</u> 셋이다.

   hana-e dul-eul deoha-<u>myeon</u> ses-i-da.

   (1-に 2-を 足す-<u>myeon</u> 3-［指定］-［叙述］.)

   (1 に 2 を足せば 3 だ)

  b. 수은에 열을 가하<u>면</u> 팽창한다. （ユン・ピョンヒョン 1989）

   sueun-e yeol-eul gaha-<u>myeon</u> paengchangha-nda.

   (水銀-に 熱-を 加える-<u>myeon</u> 膨張する-［叙述］.)

   (水銀に熱を加えれば、膨張する)

  c. 최선을 다해 노력하<u>면</u> 반드시 그만한 보람을 받게 마련이야.

   choeseon-eul dahae nolyeogha-<u>myeon</u> bandeusi geumanhan bolam-eul bad-ge malyeon-i-ya.

   (最善-を 尽くす-［連用］努力する-<u>myeon</u> 必ず そのだけの 甲斐-を もらう-［当然］-［指定］-［汎用］.)

   (最善を尽くして頑張れば、必ずそれだけ報われるものだ)

 このような条件表現は、時間を超えて成り立つ一般的な因果関係（益岡 1993b）と言うことができ、第 1 章で見た通り、「バ」や「myeon」以外の形式と語用論的連続性を見せることが少ない。なお、予測条件は「前件と後件の事態が緊密な因果関係にあるが故に、後件の事態が予測されやすいような前件の事態を仮定する」ものであったが、予測性が高い場合、前件の事態がが現実世界で起こっているかどうかは問題視されないのであると理解することができる。これを「一般的」性質と呼んでみよう。一般的な条件では、「バ」が用いられやすく、「タラ」との語用論的連続性は起きにくい。

2.2　「バ」と「タラ」の語用論的連続性が生じる場合

 次の例は、一見、自然的必然性による予測条件に見えるが、日本語の場合、後件の事態によって「タラ」との語用論的連続性が生じることがある。韓国語は、どちらも「myeon」が用いられる。

(4) a. 春になれば、裸木はまた新しい花を咲かせるのだ。
   b. 春になったら、またここへもどってくるんだ。
(5) a. 봄이 오면 꽃이 핀다.
   bom-i o-myeon kkoch-i pi-nda.
   (春-が 来る-myeon 花-が 咲く-[叙述].)
   (春が来ると花が咲く)
   b. 봄이 오면 되도록 한 차례 정도는 차 밑바닥까지 세차해 주는 게 좋다.
   bom-i o-myeon doedolog han chalye jeongdo-neun cha mitbadag-kkaji sechaha-e ju-neun g-e joh-da.
   (春が 来る-myeon なるべく 一 回 位-は 車の 底-まで 洗車する-[連用] あげる-[連体] こと-が よい-[叙述].)
   (春が来たら、なるべく一回位は車の底まで洗車した方がよい)

　(4a) と (5a) は、前件と後件の関係を、時間を超えて成り立つ一般的な条件として表現しているが、(4b)(5b) は、時空間に実現する個別的事態(益岡 1993b)として表しており、より現実世界における経験的な事態に接近していると言うことができる。前件と後件の事態が個別的・経験的になるほど、「タラ」も使えるようになり、両形式の間に語用論的連続性が起こるのである。このような性質をまとめて「個別的」と呼んでみよう。(4) と (5) は、「春が来る」という同一の事態が、条件によって一般的にも個別的にも捉えられることを示す。

　以下の日本語の例では、前件と後件を一般的な因果関係として述べる場合は「バ」が、前件と後件(特に前件)を個別的な事態として取り上げる場合は「タラ」が選ばれるが、その語用論的な境界線は必ずしも明確ではないことから、両形式の間に連続性が起こる場合がある*4。

(6) a. 明日に {**なったら**/なれば}、結果が分かる。

(益岡 1993b)

   b. この本を {読んだら/**読めば**}、文法が楽しくなります。

(益岡 1993a)

(7) a. 서울의 종로는 저녁이 되면 노점의 거리가 됩니다.
　　　 seoul-ui jonglo-neun jeonyeogi doe-myeon nojeom-ui geoli-ga doe-bnida.
　　　（ソウル-の 鍾路-は 夕方に なる-myeon 露店-の 街-が なる-［叙述］.)
　　　（ソウルの鍾路は、夕方になると、露店の街になります）
　　b. 이 책을 읽으면 공부를 잘할 수 있습니다.
　　　 i chaeg-eul ilg-eumyeon gongbuleul jalha-l su iss-seubnida.
　　　（この 本-を 読む-myeon 勉強-を うまくする-［可能］-［叙述］.)
　　　（この本を読めば、勉強がよくできるようになります）

　(6)、(7)は、第1章で論じた社会的必然性や個人的必然性による因果関係を表す予測条件である*5。予測条件における個人的必然性による予測性と個別性は、総称的・自然的必然性（一般性）とは離れ、より現実的・個別的な事態に言及するという点で重なるところがあると言える。韓国語の「myeon」は、事態間の関係が一般的か個別的かを区別せず、もっぱら予測性に基づいて用いられると言える*6。

2.3 「バ」に置き換えにくい「タラ」

　一方で、次のように、後件が意志や働きかけの表現になると、日本語の場合、「バ」は使われにくく「タラ」のみ可能になる。韓国語の場合、やはり「myeon」が用いられるが、「geodeun」と語用論的連続性を有する場合がある。

(8) a. 試験に合格したら、海外旅行に行く。　　　　　（前田 2009）
　　b. 着いたら、電話してください。　　　　　　　　（前田 2009）
(9) a. 나 오디션 {**합격하면**/* 합격하거든} 영화 출연할 거야.
　　　 na odisyeon {**habgyeogha-myeon**/*habgyeogha-geodeun} yeonghwa chulyeonha-l geo-ya.

(私 オーディション {合格する-myeon/*合格する-geodeun} 映画 出演する-[意志] (-[指定]) -[汎用].)

(私、オーディション合格したら、映画に出演する)

b. {**도착하면**/도착하거든} 연락해.
{**dochagha-myeon**/dochagha-geodeun} yeonlagha-e.
({**到着する-myeon**/到着する-geodeun} 連絡する-[汎用].)

(到着したら、連絡して)

　これらの例が2.1や2.2で見た例と異なるのは、後件が意志や命令という働きかけをとることで、前件と後件の結びつきのレベルが大きく変わってしまっているということである。また、このような場合、前件は近未来の予定された動作行為（田中1994）が多く、後件もその予定が実現したときの行為を遂行的に表している。このような前後件の関係は個人的必然性によってはいるが、単に事態を判断的に述べている2.2の場合より現実における時間の流れに接近していると言える。それ故、前件は「〜したとき」のような意味になることが多い。このような場合、個別性はより高まると言える。

　韓国語は、主に個人的必然性による予測条件としての「myeon」が用いられるが、(9b) では「geodeun」も用いることができる。「geodeun」は、「タラ」と同様、前件が近未来の事態に言及し、後件が働きかけの表現に限定されるという意味で、個別的な条件と言えるが*7、(9a) のような、前件と後件の主体が話し手の場合は使いにくいようである。「geodeun」の例をもう少し見ると、(10a) のような一般的条件では用いられず、後件はすべて意志あるいは働きかけの表現である。(10b) からは、後件の主体が話し手でも、前件の主体が話し手でなければ「geodeun」が用いられることが分かる。

(10) a. *봄이 오거든 꽃이 핀다.
　　　 *bom-i o-geodeun kkoch-i pi-nda.
　　　 (*春-が 来る-geodeun 花-が 咲く-[叙述].)
　　　 (春が来ると、花が咲く)

b.　영희가 합격하거든 옷을 맞춰 주겠다.

　　　　　　　　　　　　　　　　（チョン・ヘヨン 1983）

　　　yeonghui-ga habgyeogha-geodeun os-eul majchwo ju-gess-da.
　　　（ヨンヒ-が 合格する-geodeun 服-を あつらえる-［連用］あげる-［意志］-［叙述］.）
　　　（ヨンヒが合格したら、服を買ってあげるよ）

　　c.　돈이 필요하거든 내게 와.　　　　（チョン・ヘヨン 1983）
　　　don-i pilyoha-geodeun nae-ge w-a.
　　　（お金-が 必要だ-geodeun 私-に 来る-［汎用］.）
　　　（お金が必要だったら、私のところに来て）

　　d.　내가 가거든 고루고루 나누어 먹어라.
　　　nae-ga ga-geodeun golugolu nanu-eo meog-eola.
　　　（私-が 行く-geodeun 均等に 分ける-［連用］食べる-［命令］.）
　　　（私が行ったら、均等に分けて食べて）

　次のような例でも、後件が意志や働きかけの表現になっており、「バ」は使われにくく「タラ」のみ可能である。韓国語は、「myeon」のみ用いられる。これらの例は、前件で現実に起こっている事態を取り上げている点で、個別的であると言えるが、前件と後件を仮定的に結びつけている点で、仮定的条件である*8。

（11）a.　暗いところで本を読んだら、目を悪くしますよ*9。

　　　　　　　　　　　　　　　　　　　　（前田 2009）

　　b.　そっちに行ったら、危ないですよ。　　（鈴木 1994）

　　c.　そんなことを言ったら、みんなに笑われますよ。

　　　　　　　　　　　　　　　　　　　　（田中 1994）

（12）a.　음식 그거 남기시고 가면 다 버리는데요.
　　　eumsig geugeo namgi-si-go ga-myeon da beoli-neunde-yo.
　　　（料理 それ 残す-［尊敬］-［継起］行く-myeon 全部 捨てる-［婉曲］-［丁寧］.）
　　　（その料理、残されたら、全部捨てるんですけど）

第3章　予測条件と継起の連続性　　53

  b. 그렇게 하<u>면</u> 못 써요.

    geuleoh-ge ha-<u>myeon</u> mos sseo-yo.

    (そうだ-［副詞］する-myeon［不可能］使う-［丁寧］.)

    (そんなことをしたら、ダメですよ)

  c. 그렇게 빙빙 돌려 말하<u>면</u> 못 알아들어요.

    geuleoh-ge bingbing dolly-eo malha-<u>myeon</u> mos aladeul-eoyo.

    (そうだ-［副詞］ぐるぐる 回す-［連用］言う-myeon［不可能］聞き取る-［丁寧］.)

    (そんなに回りくどい言い方をされたら、理解できません)

 さて、現実世界で起こっている事態を表す確定的条件においても、「タラ」は「バ」と置き換えができない。韓国語は、はじめて「myeon」が不可能になり、「nikka」などが用いられる。

(13) a. 引き出しの中をあけてみ<u>たら</u>、古い写真が出てきた。

                     (田中 1994)

  b. 家に帰っ<u>たら</u>、母からの小包が届いていた。(蓮沼 1993)

(14) a. 긴 복도를 따라 밖으로 나오<u>니</u> 제법 찬 바람이 불어 왔다.

    gin bogdoleul ttala bakk-eulo nao-<u>ni</u> jebeob cha-n balam-i buleo wa-ss-da.

    (長い 廊下に 沿う-［連用］外-へ 出る-ni かなり 冷たい-［連体］風-が 吹く-［連用］くる-［過去］-［叙述］.)

    (長い廊下を通って外へ出ると、かなり冷たい風邪が吹いてきた)

  b. 학교 수업을 마치고 집에 와 보<u>니까</u> 아무도 없었다.

    haggyo sueob-eul machi-go jib-e w-a bo-<u>nikka</u> amu-do eobs-eoss-da.

    (学校 授業-を 終える-［継起］家-に 来る-［連用］みる-nikka 誰-も いない-［過去］-［叙述］.)

    (学校の授業を終えて家に帰ってみると、誰もいなかった)

 過去に起こっている事態は、近未来の事態よりもさらに現実世界

における経験的な事態に接近していると考えられ、その意味で個別性は最も高いと言える。「タラ」は、個別性が高くなるほど、「バ」など他の形式との語用論的連続性が生じなくなり、それは、仮定的か確定的かという問題を超えて成り立っていると言うことができる。このような個別性に基づく独自の条件を表す「タラ」を「個別条件」と呼んでもよいかもしれない。

　これまでの考察から、条件が一般的か個別的かという指標において語用論的文脈が連続していることを見た。「バ」は一般的条件、「タラ」は個別的な条件を表し、「myeon」は予測条件（仮定的条件）、「nikka」は確定的条件を表すとまとめることができる。個別的な事態がすべて確定的なわけではないが、確定的な事態は、すべて個別的であると言える。「タラ」は、その個別性から、仮定的条件にも確定的条件にも用いられるようになっていると考えられる。以上を表にまとめると次の通りである。

表5　「バ」「タラ」「myeon」「nikka」の使い分け

条件	仮定的条件		確定的条件
用法	一般的条件	個別的条件	個別的条件
日本語	バ	バ　タラ	タラ
韓国語	myeon	myeon	nikka
特徴	一般的・法則的		個別的・経験的

　条件表現において、日本語は、一般的か個別的かを区別し、韓国語では、仮定的か確定的かを明確に区別していることが分かる。仮定的個別条件では、「バ」と「タラ」の語用論的連続性があるが、より個別的ほど「タラ」のみが用いられる。ここにおける「タラ」と「nikka」の確定的条件は継起用法である。以降3節で、「タラ」「テ」と韓国語の対応形式における継起用法を少し見てから、4節では、仮定的条件と確定的条件の連続性のメカニズムについて論じる。

3. 継起の広がり

　継起とは、「発話時現在にすでに起きている二つの事態を時間の

流れに沿って述べる確定的条件用法」を指し、確定的条件に属する。ここでは、継起を、先行研究を参考に下位分類し、多様な継起用法の広がりを確認しながら、日韓条件形式の意味を再考する。前田(2009) は、継起（非仮定的条件）文を「連続」、「きっかけ」、「発見」、「発現」の四つに分けて考察しているが、以降、その分類に従って日韓の用例を観察していく。

3.1 連続用法

「連続」（「Aは ~する と、 ~した 。」）とは、同一主体による動作の二つの連続で、後件の動作が意志的な場合は「テ」、非意志的な場合は「タラ」が用いられ得るとされる*10。

(15) a. 父は帰宅後、お風呂に入って、寝た。　　　　（前田2009）
　　 b. 布団に入ったら、すぐにぐうぐう寝てしまった。
　　　　　　　　　　　　　　　　　　　　　　　　（仁田1987）

ところで、この場合、韓国語は、前件と後件がどのように繋がっているかによって表現が分化する。(15) と類似している次の韓国語例を見ると、「宿所に帰って（宿所で寝た）」と「ベッドに入って（ベッドで寝た）」は「eoseo」、「お風呂に入って（それからベッドで寝た）」は「go」に対応することが分かる。韓国語では、継起関係にある前件と後件の事態が意味的に密接な場合は「eoseo」、そうでない場合は「go」が用いられるとされる*11。緊密な意味関係とは、物理的な同一性を意味する。「eoseo」と「go」の使い分けにおいて、後件の動作の意志性は関係がない。

(16) a. （私は／男たちは）숙소로 들어와서 씻고 잤다.
　　　 （私は／男たちは）sugso-lo deuleowo-aseo ssis-go jass-da.
　　　 ((私は／男たちは) 宿所-へ 入る-aseo 洗う-go 寝る-[過去]-[叙述].)
　　　 ((私は／男たちは) 宿所に入って、洗って、寝た)
　　 b. （私は／彼は）침대로 {들어가서/??들어가고} 잠들었어.
　　　 （私は／彼は）chimdae-lo {deuleoga-aseo/??deuleoga-go} jamdeul-eoss-eo.

((私は／彼は) ベッド-へ {入る-**aseo**/?? 入る-**go**} 眠る-［過去］-［汎用］.)

((私は／彼は) ベッドに入って、寝てしまった)

　主体が話し手以外の場合、「deoni」が用いられ得る。(16) における「eoseo」と「go」は、主体が話し手以外ならすべて「deoni」に置き換えることができる。この場合、回想語尾「deo」の持つ知覚体験、報告、客観的伝達などの意味や主語制約、場面制約などの制約がほぼそのまま受け継がれると考えられ、話し手が当該人物の行動を直接観察していたというニュアンスが生じる。話し言葉の場合、「deoni」節は、後件も「deo」文になりやすい。「deoni」も後件の動作の意志性とは関係なく、知覚体験、報告、客観的伝達などの意味合いを伝える際に用いられる。

　継起を表す韓国語形式の一つとされる韓国語の「ja」にも連続用法がある。「ja」も、「deoni」と同じく、話し手主体の連続用法はない。これは関連形式の「jamaja」(〜やいなや) との大きな違いである。また、ニュアンスは違ってくるものの「go」や「deoni」との語用論的連続性が起こる場合があるが、単純接続を表しやすい「go」よりは前件と後件の因果関係が緊密のように思われる。以下の「ja」の例は、「go」や「deoni」にも置き換えることができる。また、文体的には、話しことばではあまり用いられないという特徴がある。

(17) a.　관리인이 김정한 선생을 보<u>자</u> 반색을 하며 마주 나온다.
　　　　gwanliin-i gimjeonghan seonsaeng-eul bo-<u>ja</u> bansaeg-eul ha-myeo maju nao-nda.
　　　　(管理人-が キムジョンハンさん-を 見る-<u>ja</u> 笑顔-をする-［同時］迎え出る-［叙述］.)
　　　　(管理人は、キムジョンハンさんを見ると、喜んで迎え出る)

　　b.　레이시는 이승만에게 접견을 거절당하<u>자</u> 5개월 만에 사표를 냈다.
　　　　leisi-neun iseungman-ege jeobgyeon-eul geojeoldangha-<u>ja</u> 5gaewol mane sapyo-leul nae-ss-da.

(レイシー-はイスンマン-に接見-を拒絶される-ja 5 ヶ月後に辞表-を出す-［過去］-［叙述］.)
(レイシーは、イスンマンに接見を拒絶されると、5ヶ月で辞表を出した)

3.2 きっかけ用法

「きっかけ」(「Aが〜する」と「Bが〜した」。)とは、異主体による動作の連続である。日本語は多くの場合「タラ」が、韓国語は「nikka」が用いられる。

(18) a. 毛糸のセーターを洗濯機で洗ったら、着られなくなった。
(前田2009)
b. きのう、この薬を飲んだら、よく効きました。
(前田2009)

(19) a. 두 군데서 일하니까 이태 만에 전세금이 모이던데요.
du gundeseo ilha-nikka itae mane jeonsegeum-i moi-deo-nde-yo.
(2箇所で働く-nikka 2年で保証金-が集まる-［回想］-［婉曲］-［丁寧］.)
(2箇所で働いたら、2年で保証金が集まりました)

b. 하루 종일 약만 먹으니까 속이 쓰리고 (中略) 구토까지 나오려고 하였다.
halu jongil yang-man meog-eunikka sog-i sseuli-go guto-kkaji nao-lyeogo hay-eoss-da.
(一日中薬-だけ飲む-nikka お腹-が痛む-［並列］嘔吐-まで出る-［意志］する-［過去］-［叙述］.)
(一日中薬ばかり飲んだら、お腹が痛くて(中略)嘔吐まで出そうになった)

「タラ」と「nikka」の変わった用法の一つとされる、対立する状況を提示する次のような例も、きっかけ用法の一種であると考えられる。

(20) a. 太郎が来たら、花子が帰った。
(久野1973)
b. 어머니가 돌아오니 (까) 형이 나가는군요.

(ソ・ジョンス 2006)

　　　 eomeoni-ga dolao-ni（kka）hyeong-i naganeun-gun-yo.
　　　（母-が 帰ってくる-nikka 兄-が 出ていく-［気づき］-［丁寧］.）
　　　（母が帰ってきたら、兄が出ていくのですね）

　韓国語の場合、きっかけの「nikka」は、主体が話し手の場合「eossdeoni」と置き換えができる場合がある。話し手主体をとれない「deoni」とは反対に、「eossdeoni」は話し手主体しかとることができない*12。

(21) a.　제가 직접 전화를 {걸었더니/거니까} 부인께서 받더군요.
　　　 je-ga jigjeop jeonhwa-leul {geol-eossdeoni/geo-nikka} buin-kkeseo bad-deo-gun-yo.
　　　（私-が 直接 電話-を {かける-eossdeoni/かける-nikka} 奥さん-が（尊敬）出る-［回想］-［気づき］-［丁寧］.）
　　　（私が直接電話をかけたら、奥さんが出ました）

　 b.　밤참을 많이 {먹었더니/먹으니} 살이 5kg 이나 불었어요.
　　　 bamcham-eul mani {meog-eossdeoni/meog-euni} sal-i 5kg-ina bul-eoss-eoyo.
　　　（夜食-を 沢山 {食べる-eossdeoni/食べる-ni} 肉-が 5kg-も 増える-［過去］-［丁寧］.）
　　　（夜食をたくさん食べたら、5キロも太りました）

　さて、前節で見た韓国語の「ja」の典型的な用法は、このきっかけ用法であると考えられる。多くの場合、「ja」は「nikka」に置き換えることができる。

(22) a.　자녀들의 생활 모습이 {바뀌자/바뀌니까} 학부모들도 달라지기 시작했다.
　　　 janyeo-deul-ui saenghwal moseub-i {bakkwi-ja/bakkwi-nikka} hagbumodeul-do dallaji-gi sijagha-ess-da.
　　　（子女-［複数］-の 生活 姿-が {変わる-ja/変わる-

nikka} 父兄たち-も 変わる-［名詞化］はじめる-［過去］-［叙述］.)

(子どもたちの生活が変わると、父兄たちも変わりはじめた)

 b. 이처럼 물량이 {늘자/느니} 배달체제에 비상이 걸렸다.
  icheoleom mullyang-i {**neul-ja**/neu-ni} baedalcheje-e bisang-i geolly-eoss-da.

(このように 物量-が {増える-ja/ 増える-ni} 配達体制-に 非常-が かかる-［過去］-［叙述］.)

(このように、物量が増えると、配達体制が非常事態となった)

きっかけ用法で、「ja」の前件や後件のどちらかの主体が話し手になることは可能であるが、後件が話し手の場合は「nikka」との語用論的連続性は起こらないようである。事実、きっかけ用法においては、「タラ」も「nikka」も、後件に話し手主語が来ることはほとんどないように思われるが、その意味で「ja」は特殊と言える*13。

(23) a. 큰 길에 접한 인도에 {들어서자/들어서니} '백골단'이 가로막았다.
  keu-n gil-e jeobh-an indo-e {**deuleoseo-ja**/deuleoseo-ni} 'baeggoldan'-i galomag-ass-da.

(大きい-［連体］道-に 接する-［連体］歩道-に {入る-ja/ 入る-ni} '白骨団'-が 立ちふさがる-［過去］-［叙述］.)

(大通りに接した歩道に入ると、'白骨団'が立ちふさがった)

 b. 그들이 가까이 {다가오자/??다가오니} 우리는 배를 스톱시켰다.
  geu-deul-i gakka-i {**dagao-ja**/??dagao-ni} uli-neun bae-leul seutob-siky-eoss-da.

(彼-［複数］-が 近く-に {近づく-ja/?? 近づく-ni} 私達-は 船-を ストップ-させる-［過去］-［叙述］.)

（彼らが近づいてくると、私達は船をストップさせた）

3.3　発見用法

「発見」（「Aが（発見動作）する と Bが〜していた 。」）とは、前件に発見するための具体的な動作が来て、発見時の状況を表し、後件に発見された物事の状態が述べられる用法を指す。日本語では「タラ」が用いられる。

(24) a.　一件のバーに入ったら客はすべて黒人だった。

（前田2009）

　　 b.　検索してみたら、下記のように書いてありました。

この用法は、前件の動詞が「見る」などの認知動作か、「てみる」などの形をとることが多く、後件は状態を表す特徴があるという。韓国語では、「nikka」「eossdeoni」が用いられるが、話し手主体しか用いられないという「eossdeoni」の主体制約はそのままである。

(25) a.　무심코 앞에 붙은 거울을 보니까 운전기사가 졸고 있는 거예요.
musimko ap-e buteun geoul-eul bo-nikka unjeongisa-ga jol-go iss-neun geo-ye-yo.
（何気なく 前-に ついた 鏡-を 見る-nikka 運転手さん-が 居眠りする-［進行］-［連体］こと-［指定］-［丁寧］.）
（何気なく、前の鏡を見たら、運転手さんがウトウトしているんですよ）

　　 b.　니나가 있는 쪽을 봤더니 그녀가 이쪽을 지켜보며 웃고 있었다.
nina-ga issneun jjog-eul bw-assdeoni geunyeo-ga ijjog-eul jikyeobo-myeo us-go iss-eoss-da.
（ニナ-が いる 方-を 見る-assdeoni 彼女-が こちら-を 見つめる-［同時］笑う-［進行］-［過去］-［叙述］.）
（ニナがいる方を見たら、彼女はこちらを見つめながら微笑んでいた）

「ja」は発見に用いられるが、(25a) のような会話的な文脈ではやや現れにくい。「ja」は文語的という印象がある。「deoni」には、発見用法はないようである。

3.4 発現用法

「発現」(「Aが～している と (Bが)～した 。」) とは、前件に継続中の動作が来て、その最中に一回性の後件が偶発的に起こることを述べる場合を指す。日本語は「タラ」、韓国語は、「nikka」が対応する。

(26) a.　音楽を聞いていたら眠くなってきた。　　　　　(前田2009)
　　 b.　夜、お袋と食事をしていたら、電話があった。

(前田2009)

(27) a.　의사 말을 듣고 있으니까 마음이 한결 가벼워졌어요.
　　　　　uisa mal-eul deub-go iss-eunikka maeum-i hangyeol gabyeowojy-eoss-eoyo.
　　　　　(医者の 話-を 聞く-［進行］-nikka 気持ち-が かなり 軽くなる-［過去］-［丁寧］.)
　　　　　(医者の言葉を聞いていたら、かなり楽になりました)
　　 b.　차 준비를 하고 있으니 초인종이 울렸다.
　　　　　cha junbi-leul ha-go iss-euni choinjong-i ully-eoss-da.
　　　　　(茶 準備-を する-［進行］-euni 呼び鈴-が 鳴る-［過去］-［叙述］.)
　　　　　(お茶の準備をしていたら、呼び鈴が鳴った)

「eossdeoni」も用いられるが、(27) の例を「eossdeoni」に置き換えるとやや不自然なことから、「nikka」と「eossdeoni」とでは前件と後件の関係が多少異なるようである。「eossdeoni」が自然な (28) を「nikka」の (27) と比べると、前件の事態が一定の時間続いていた結果、後件の事態が生じたことをより強調するニュアンスがある。これは、「eoss」(過去) +「deo」(回想) +「nikka」の結合から来る意味合いと言える。

(28) a.　요즘 워낙 집에 박혀 있었더니 자연스럽게 집사람이 되었다.
　　　　　yojeum wonag jib-e baghy-eo iss-eossdeoni jayeonseuleobge jibsalam-i doe-eoss-da.
　　　　　(最近 あんまり 家-に こもる-［状態］-eossdeoni 自然と 家内-が なる-［過去］-［叙述］.)
　　　　　(最近、あんまり家にこもっていたら、自然と家内にな

った）

b. 하루 종일 컴퓨터 앞에 앉아 있었더니 어느 순간 눈이 핑 돌더라구요.
halu jongil keompyuteo ap-e anja iss-eossdeoni eoneu sungan nun-i ping dol-deo-laguyo.
（一日 終日 コンピュータ 前-に 座って いる-eossdeoni ある 瞬間 目-が くらっと 回る-［回想］-［丁寧］.）
（一日中パソコンの前に座っていたら、突然めまいがしました）

「ja」も文体的なニュアンスを除けば、発現用法にも用いられると思われる。

これまで、四つの継起用法を見てきたが、各形式と合わせてまとめると次のようである。発見用法における後件の「発見される状態的事態」と、発現用法における後件の「偶発的な一回性の事態」は、動作そのものの性質と関係なく非意志的に表されていると見るのが妥当と思われる。［他者］は前件の事態に話し手以外の主体のみが用いられることを、［話者］は前件の事態に話し手主体のみが用いられることを指す。

日本語の場合、意志的な事態を連続用法で表すとき以外は、「タラ」が用いられ、韓国語は連続用法とそれ以外の用法と境界線が目立つ。このことが日韓で最も異なる点である。韓国語の「ja」は、

表6　継起用法と形式

用法	後件意志的	後件非意志的
連続	テ	タラ
	eoseo／go／deoni［他者］／ja［他者］	eoseo／go／deoni［他者］／ja［他者］
きっかけ	タラ	タラ
	nikka／eossdeoni［話者］／ja	nikka／eossdeoni［話者］／ja
発見	－	タラ
	－	nikka／eossdeoni［話者］／ja
発現	－	タラ
	－	nikka／eossdeoni［話者］／ja

その例外で、文体的な傾きはあるものの、連続とその他の用法を併せ持つ。

4. 仮定的条件と確定的条件の境界

4.1 確定性と事実性

2節で、「タラ」と「バ」の語用論的連続性について考察し、3節では、「タラ」の継起用法を観察した。ここでは、「タラ」が「バ」と併用できる仮定的条件と、継起という確定的条件にまたがる現象について説明を与える。まず、確定的条件における「確定性」の概念について整理しよう。本書における確定的条件とは、「前件（条件節）で、現実世界に起こっている事態を取り上げ、後件（結果節）で、それと因果関係にある事態を述べるもの」だった。ところで、2.3で見た（29）（30）では、前件の事態が、聞き手によって現実に起こっている事態であるにもかかわらず、仮定的条件だった。用例を再掲する。

(29) a.　暗いところで本を読んだら、目を悪くしますよ。

(＝(11))

　　 b.　そっちに行ったら、危ないですよ。　　　（鈴木1994）

　　 c.　そんなことを言ったら、みんなに笑われますよ。

（田中1994）

(30) a.　음식 그거 남기시고 가면 다 버리는데요. (＝(12))
eumsig geugeo namgisigo ga-myeon da beoli-neunde-yo.
（料理 それ 残されて 行く-myeon 全部 捨てる-［婉曲］-［丁寧］.）
（その料理、残されたら、全部捨てるのですが）

　　 b.　그렇게 하면 못 써요.
geuleoh-ge ha-myeon mos sseo-yo.
（そうだ-［副詞］する-myeon［不可能］使う-［丁寧］.）
（そんなことをしたら、ダメですよ）

c. 그렇게 빙빙 돌려 말하면 못 알아들어요.
geuleoh-ge bingbing dolly-eo malha-myeon mos aladeul-eoyo.
(そうだ-［副詞］ぐるぐる 回す-［連用］言う-myeon［不可能］聞き取る-［丁寧］.)
(そんなに回りくどい言い方をされたら、理解できません)

　これらは、前件の事態そのものは発話時点で起こっているのかもしれないが、後件ではまだ実現されていない事態を予測、予見するような形で述べており、前件と後件の事態間の因果関係は仮定的条件のそれと変わりがない。このことは、確定的条件には用いられない「myeon」しか不可能な韓国語との比較からも明らかである。
　仮定的条件とは、「前件（条件節）で、現実世界に起こっていない事態を取り上げ、後件（結果節）で、それと因果関係にある事態を述べるもの」だった。前件の事態が現実世界に起こっている（29）と（30）はなぜ仮定的と言え、韓国語では仮定的条件として表現されるのか。仮定的条件において、発話時点において現実世界に起こっていないとは、現実世界における事態の成立可否を問題視しないことである。2節において、仮定的条件の予測性が高いほど、前件と後件の緊密な関係に焦点が当てられ、事態が実現しているかどうかは問題にならなず、一般的条件になることを見た。即ち、言語表現としての条件表現における仮定性は、必ずしも現実における非実現性とは直接結びついていないのである。条件表現が仮定的になるか確定的になるかは、話し手が事態をどう把握し表現するかによる。同じく、確定的条件では、現実に起こっていることを話し手がそのまま確定的な事態として表現する場合が多いだろうが、その実現性は必ずしも絶対的ではない。
　以上のように考えてくると、（29）や（30）で前件の事態が現実世界で起こっていることは、「偶然的」であると言える。言い換えると、（29）や（30）の前件が現実世界において起こっていることは事実であるが、言語表現の上では、仮定的条件として発せられているというわけである。（29）で「バ」が不可能で、「タラ」が用

いられるのは、前件が現実に起こっている事態を指すことで極端に高まった「個別性」によるものと考えられる。

　偶然的な確定性は、次のような例にも見られる。ところが、(29)(30) と違い、「バ」が可能で、韓国語でも「myeon」が可能である。

　(31) ここまで来れば、もう見えないだろう。
　(32) 됐어, 여기-까지 오면 잘 될 거야!
　　　dw-aess-eo, yeogi-kkaji o-myeon jal doe-l geoy-a!
　　　（なる-［過去］-［汎用］, ここ-まで 来る-myeon よくなる-［推量］-［汎用］!）
　　　（よし、ここまで来れば、うまくいくだろう）

　これらは事実的条件などと呼ばれるものであるが、本書の観点では、個人的必然性による予測条件で、たまたま前件の事態が現実に起こっている場合である。ところが、このような文脈の場合、(29)(30) とは違って、「ここまで来たから、もう見えないだろう」「ここまで来たから、うまくいくだろう」と、理由表現との語用論的連続性が生じる。(31)(32) におけるこのような語用論的連続性は、ある事態を予測条件として把握・表現するか理由表現として把握・表現するかという、話し手の事態把握及び表現の選択の問題である。コップ半分の水を「まだ半分ある」と表現するか「もう半分しかない」と表現するかといった問題と同様なのである。(29)(30) が、予測条件の中で生じる偶然的な確定性を示しているなら、(31)(32) は、語用論的文脈そのものが異なる複数の条件になり得ることを示すものである。仮定性、又は、確定性は、言語表現そのものにおける性質であり、話し手が事態をどう把握して表現するかという問題とは区別しなければならない。ただし、(31)(32) のような談話文脈自体は、話し手による条件表現の選択肢を広げるものであり、仮定的条件と確定的条件（理由）の論理的類似性を示すものでもある。本章では、このような確定的条件との語用論的連続性が生じる文脈における仮定的条件の特徴を「事実性」と呼ぶことにする。

　事実性そのものは、本章における「バ」「タラ」「myeon」「nikka」

などの使い分けには直接的な役割を果たさない。しかし、特定の文脈において、事実性によって仮定的条件と確定的条件の間に連続性が生じるという点で、本書で言う語用論的連続性の本質に迫る概念であると言える。

4.2　仮定性と確定性の語用論的境界

確定性が問題になる例の中には、次のような継起の例がある。以下では、「タラ」と「nikka」は、それぞれ「バ」と「myeon」との語用論的連続性は生じない。

(33) a.　（見ながら）近くでよく見たら可愛いね。
　　 b.　（曲を聞きながら）この曲を聞いたら、昔のことを思い出す。　　　　　　　　　　　　　　　　　　　　（作例）
(34) a.　（見ながら）옆에서 보니까 입이 에쁘다.
　　　　 yeop-eseo bo-nikka ib-i yeppeuda.
　　　　 （横-から 見る-nikka 口-が 可愛い）
　　　　 （横から見たら、口が可愛い）
　　 b.　（ラブレターの話題の直後）연애 편지 얘기하니까 옛날 생각 난다.
　　　　 yeonae pyeonji yaegi ha-nikka yesnal saenggag na-nda.
　　　　 （ラブレター 話する-nikka 昔 考え 出る-［叙述］.）
　　　　 （ラブレターの話をしたら、昔のことを思い出す）

一般的に確定的条件の継起は、前件も後件も過去の事態である場合が多いが、これらの例は後件が現在の事態である。現在の事態であるとは、後件の述語が現在形になっているということであるが、継起における「発話時現在にすでに起きている」とは、必ずしも現在と離れた過去のことであるとは限らない。(33) と (34) における後件の事態は、発話時現在、実現している事態である。

ところで、このように発話時現在の事態を取り上げる場合においては、次のように、仮定的条件として表される可能性がある。以下は、(33a)(34a) と類似した文脈であるが、「タラ」「nikka」ではなく、「バ」「myeon」が用いられている。

(35) いずみさんって、思ってたよりずっといい人ですね。顔だ

ってよく見れば可愛いし。

(36) 이렇게 보면 예쁘네.

ileohge bo-myeon yeppeu-ne.

(こう見る-myeon 可愛い-［気づき］.)

(こう見れば可愛いじゃない)

これは、「myeon」や「バ」が確定的条件にも用いられることを意味するのではなく、発話主体が目の前の事態を確定的条件として把握・表現しているか、仮定的条件として把握・表現しているかの問題と関わっている。3.1で考察した (31)(32) の場合と同様なのである。(31)(32) では、事実性によって仮定的条件と確定的条件の間に連続性が生じることを見た。(33)(34) の場合も、現在の事態を取り上げるという文脈が、同じような連続性を生じさせていると言える。(31)(32) の事実性と、(33)(34) のような現在の事態を取り上げる文脈は、語用論的に、仮定的条件と確定的条件の境界にあると言えるのかもしれない。

(33)〜(36) の例では、形式間の連続性は生じないが、事態を確定的に把握するか仮定的に把握するかによって、実際条件表現に語用論的連続性が生じる例がある。次の韓国語の例では、「nikka」と「myeon」がどちらも用いられる＊14。

(37) a. 그러나 졸업을 앞두고 {**생각하니**/ 생각하면} 선뜻 서운한 마음이 든다.

geuleona joleob-eul apdugo {**saenggagha-ni**/ saenggagha-myeon} seontteus seounhan maeumi deunda.

(しかし 卒業-を 控える-［並列］{**考える**-ni/ 考える-myeon} ふと 寂しい 心-が 出る-［叙述］.)

(しかし、卒業を控えて考えたら、ふと寂しい気持ちになる)

b. 지금 생각해 {보니/ **보면**} 참으로 힘들게 살아온 세월이었습니다.

jigeum saenggagha-e {bo-ni/ **bo-myeon**} chameulo himdeul-ge sala o-n sewol-i-eoss-seubnida.

(今 考える-［連用］{みる-ni/みる-myeon} 本当に 辛い-［副詞］生きる-［連用］くる-［連体］年月-［指定］-［過去］-［叙述］.)
(今考えてみたら、本当に苦労して生きてきた年月でした)

　(37)は、(33)〜(36)のように、現在の事態を表すものであるが、(33)〜(36)と違って、「myeon」も「nikka」も用いられ、意味もほとんど変わらない。このような文は、前件に「saenggaghada」(思う、考える)、「saenggaghae boda」(考えてみる)などの思考動詞が多く、後件は感情や思考の内容を表す表現が来やすい。
　日本語の場合も、類似した文脈で「バ」と「タラ」の語用論的連続性が生じる。

(38) a.　考えて{みれば／みたら}、怖いし、恥ずかしいですね。
　　 b.　今{考えれば／考えたら}、社会人で大きなケガをしていた可能性だってある。

　ところが、類似した表現でも、以下のように慣用化している表現の場合は、(37)(38)と違って、語用論的連続性は起こらない。以下の(39)における「myeon」と「nikka」の使い分けの区別はかなりはっきりしている。「そういえば」のように、何かを思い出したときは「nikka」が((39a))、「そう考えれば」のように、それまでの話題などをまとめて意見を述べるときは「myeon」が((39b))用いられる。(40)の日本語では、「発話行為の前提」(角田2004)レベルになっている表現が、「タラ」に置き換えできないことが分かる。慣用化した表現ほど、日韓でズレがあるようである。

(39) a.　그리고 {보니/*보면} 내일이 발렌타인데이네요.　　(作例)
　　　　geuleogo {bo-ni/*bo-myeon} naeil-i ballentainde-i-ne-yo.
　　　　(そうして {みる-ni/*みる-myeon} 明日-が バレンタイン-［指定］-［気づき］-［丁寧］.)
　　　　(そういえば、明日がバレンタインですね)
　　 b.　그리고 {*보니/보면} 부모가 참 중요해.

geuleogo {*bo-ni/bo-myeon} bumo-ga cham jungyoha-e.

(そうして {*みる-ni/みる-myeon} 親-が 本当に 重要だ-［汎用］.*15）

(そう考えると、親って本当に大事なんだよね)

(40) a. {思えば/*思ったら} 昔そんなことあったなあ。

(角田 2004)

b. そう {いえば/*いったら}、彼女は今年二十歳になる。

(角田 2004)

(37) 〜 (40) は、仮定性と確定性の語用論的境界が存在する可能性、また、その語用論的境界が言語によって異なる可能性を示唆する。仮定的条件と確定的条件にまたがる「タラ」は、その両方の可能性を示している形式なのである。

5. 第3章のまとめ

第3章では、予測条件と継起の連続性を明らかにするため、「タラ」と「バ」の語用論的連続性と、様々な継起用法における日韓の条件形式を観察した。「タラ」と「バ」の観察から、一般的条件から個別的条件に連続している用法を確認した。継起用法では、連続、きっかけ、発見、発現に分け、日韓の形式を観察した。日本語は、後件に意志性がある連続用法は「テ」その他は「タラ」が用いられ、韓国語では、「eoseo」「go」が連続用法に、その他の用法では「nikka」をはじめとする多様な形式が用いられることを見た。表5に継起用法を加え、仮定的条件と確定的条件を両極とする語用論的文脈を、日韓の主要形式と合わせて示すと次の通りである。

表7　仮定的条件と確定的条件の連続と主要形式

条件	仮定的条件		確定的条件	
用法	一般的条件	個別的条件	きっかけ/発見/発現	連続
日本語	バ	バ　タラ	タラ	タラ　テ
韓国語	myeon	myeon	nikka　deoni	eoseo　go
条件性	一般的・法則的			個別的・経験的

以上の表から、日韓の各形式間の連続性がどのように異なっているかが分かる。本章では、このような連続性が、事実性や現在という特殊な要因と、事態を把握・表現する話し手の意図などによって、言語ごとに異なる形で生じ得ることを論じた。

＊1　「タラ」と「ナラ」の語用論的連続性から、例えば、個別条件と前提条件の間の連続性を考えることもできると思われるが、本書では、詳しい議論は割愛する。
＊2　「ni」と「nikka」は、互いに置き換えできない場合もあるが、本章で扱う用法ではほとんど違いがないため、「ni」と「nikka」の代表形式として「nikka」を用いる。「nikka」は、「ni」に「kka」が結合して形成された合成形式であるが、どちらも用いられる場合、「ni」は「nikka」より文語的である。なお、「ni」と「nikka」は、子音終わりの語幹につく際、異形態の「euni」と「eunikka」になる。「deoni」は、回想を表す語尾の「deo」と「ni」の合成形式、「eossdeoni」は、過去形に「deoni」が接続した形である。過去形は、「ass/eoss/yeoss」の異形態の代表形式として「eoss」を用いる。
＊3　「eo」と「eoseo」は、互いに置き換えできない場合もあるが、本章で扱う用法ではほとんど違いがないため、「eo」と「eoseo」の代表形式として「eoseo」を用いる。「eoseo」は、「eo」に「seo」が係合した合成形式である。なお、「eoseo」は用言の種類によって「aseo/eoseo/yeoseo」の異形態があるが、本文では代表形式として「eoseo」を用いる。
＊4　山梨（1994）では、これらをそれぞれ「分析的」条件表現と「経験的」条件表現と呼んでいるが、表現主体の主観的な認知のプロセスを反映する日常言語の表現では、その区別は絶対的ではないと指摘している。
＊5　反事実条件も、現実に起きている事態を取り消す形で取り上げられることから、個別的であると言える。日本語では、「バ」と「タラ」の語用論的連続性が生じ、韓国語では、「myeon」が用いられるので、(6)(7)と同様であるが、ここでは用例は挙げない。
＊6　ユン・ピョンヒョン（1989）は、「myeon」は、後件が叙述的なら、一般的、経験的、反復的な仮定条件に広く用いられると指摘している。
＊7　チョン・ヘヨン（1983: 38）は、「geodeun」が客観的な叙述や話者の推測を表す後件と共起しないことを指摘し、「「myeon」は不可能の世界、非現実的な世界まで仮定できる反面、「geodeun」は仮定の範囲が実現性のある可能世界に制限」されると述べている。これは、「myeon」は一般的条件や個別的条件も表せるのに対し、「geodeun」は後者のみを表すことを指す。
＊8　前件の事態が現実に起こっている場合の仮定的条件については、4節で詳論する。
＊9　前田（2009: 71）では、「バ」「ナラ」「ト」「タラ」の4形式のうち、「タ

ラ」と「ト」のみが可能な例として「暗いところで本を読むと、目を悪くしますよ」の方が載っている。
*10　後件が非意志的な場合、「ト」も可能であるとされる。「ト」については、第5章で詳論する。
*11　ソ・ジョンス（2006: 1175）は、「eoseo」に「継起限定」「理由接続」「時間接続」の三つの機能があるとしている。(16)のような「継起限定」は、「前件と後件を順につなぎ、前者が後者を限定するもの」を意味すると述べ、これは「単なる時間的順序による継起接続とは異なる」としている。一方で、「go」は、「それ自体は非順次的な連結機能、又は、対称的連結機能しかない」（ソ・ジョンス2006: 1218）とし、(16a)「ssis-go」（洗って）などが表す継起性は語用論的な意味であるとした。なお、生越（1987）も、「{a}（=「eoseo」）は、前件と後件が表裏関係、つまり分離して考えられないほど密接な関係にあることを示す。（中略）{ko}（=「go」）は、前件と後件がそれぞれ独立した行為・状態であることを示す」と、類似した指摘をしている。
*12　ソ・ジョンス（2006）は、「nikka」と「eossdeoni」が「知覚構文」において同じ意味を持つとしている。「知覚構文」とは、「きっかけ」「発見」「発現」を合わせたようなものである。松尾（1997）でも、「deoni」と「eossdeoni」が「観察」「見聞」の意味特性から、前置き、意外性、前件と後件の時間的接近性などの特徴を伴うことを指摘している。
*13　この点、「ja」は「ト」と共通点があるように思われる。「ja」と「ト」は、第5章でもう少し詳しく論じる。
*14　(37)は、日本語の「ト」と対応する。油谷（2002）は、「東京を思い、京都を思うと、沖は永遠にひかり号にのり続けていたい気がした。」の韓国語訳の「생각하면 saenggagha-myeon」を誤訳と見て、「これは仮定条件ではなく既定条件なので、생각하니 saenggagha-ni とすべきであろう」と述べているが、実際は、この例では「myeon」と「nikka」の語用論的連続性があり、どちらでも間違いではない。
*15　どんな親に出会うか（自分の親がどんな人か）が大事であるという意味。

第4章
継起と理由の連続性

　本章では、確定的条件のうち継起と理由を表す表現における語用論的連続性が日韓で異なることを明らかにし、関連形式の意味を再考する。第3章では、日本語の「タラ」が仮定的条件の個別条件と確定的条件の継起に用いられることを語用論的連続性の観点から論じ、韓国語の対応形式としては、個別条件の「タラ」には「myeon」が、継起の「タラ」には「nikka」が主に対応することを見た。本章では、韓国語の「nikka」が継起と理由に用いられる現象を取り上げつつ、「タラ」の継起が個別条件へ拡張していくメカニズムを「nikka」の場合と対照しながら分析する。

1.「タラ」と「nikka」の接点と拡張

1.1　継起と「タラ」「nikka」

　第3章では、継起を「発話時現在にすでに起きている二つの事態を時間の流れに沿って述べる確定的条件用法」と定義し、連続、きっかけ、発見、発現用法に分けて考察した。このうち、連続用法を除く三つの用法で、「タラ」と「nikka」は類似していることを見た。「タラ」と「nikka」が対応する、きっかけ、発見、発現用法の共通点は、前件と後件の事態の主体（主語）が異なっていて、後件の事態は意志性のない「状態」又は「出来事」として話し手に認識されることである。以下に、三つの用法を振り返る。（1）（2）はきっかけ、（3）（4）は発見、（5）（6）は発現用法である。

（1）　お化粧をしたら、見ちがえるほどきれいになった。
（2）　두 군데서 일하니까 이태 만에 전세금이 모이던데요.
　　　du gundeseo ilha-nikka itae mane jeonsegeum-i moi-deo-nde-yo.

(2箇所で働く-nikka 2年で保証金-が集まる-［回想］-［婉曲］-［丁寧］.)
(2箇所で働いたら、2年で保証金が集まりました)
(3) 仁川空港に着いたら、ソウルから友達が迎えに来ていた。
(泉原2007)
(4) 무심코 앞에 붙은 거울을 보니까 운전기사가 졸고 있는 거예요.
musimko ap-e buteun geoul-eul bo-nikka unjeongisa-ga jol-go iss-neun geo-ye-yo.
(何気なく 前-に ついた 鏡-を 見る-nikka 運転手さん-が 居眠りする-［進行］-［連体］こと-［指定］-［丁寧］.)
(何気なく、前の鏡を見たら、運転手さんがウトウトしているんですよ)
(5) 夜、お袋と食事をしていたら、電話があった。　(前田2009)
(6) 차 준비를 하고 있으니 초인종이 울렸다.
cha junbi-leul ha-go iss-euni choinjong-i ully-eoss-da.
(茶 準備-を する-［進行］-euni 呼び鈴が 鳴る-［過去］-［叙述］.)
(お茶の準備をしていたら、呼び鈴が鳴った)

このような継起における「タラ」については、「新たに成立した状況において話し手が新たな事態を認識する」(蓮沼1993) という指摘があり、韓国語の「nikka」についても「新しい事実の知覚を表すための状況設定」(ソ・ジョンス2006) と似たような先行研究における指摘がある。以下では、「タラ」と「nikka」で共通する、連続を除く三つの用法を継起と呼ぶことにする。

ところで、このような継起用法以外に、「タラ」は個別条件を、「nikka」は理由用法を有する。本書では、「タラ」の個別条件や「nikka」の理由用法が、継起用法、特に、きっかけ用法から拡張するものと見て、それぞれにおける連続性を体系的に説明することを目指す。

1.2　個別条件の「タラ」と理由の「nikka」

第3章では、「タラ」が、「バ」と連続しながら、個別条件から継

起用法へとつながる語用論的文脈を観察したが、論理的には、「タラ」の継起用法における特質が個別条件を可能にするものと考えられる。個別条件とは、前件と後件が個別的・経験的な事態である仮定的条件だった。ここでは、「タラ」の全体的な用法を、個別性の高いものから低いものの順に振り返る。(7)は継起用法、(8)～(10)は個別条件である。韓国語では、(7)は「nikka」に、(8)～(10)は「myeon」に対応する。

(7) お化粧をしたら、見ちがえるほどきれいになった。(=(1))
(8) そんなことを言ったら、みんなに笑われますよ。

(田中1994)

(9) 試験に合格したら、海外旅行に行く。　　　(前田2009)
(10) 明日に {なったら／なれば}、結果が分かる。　(益岡1993b)

一方、継起用法で「タラ」に対応する「nikka」は、継起用法以外に、理由を表す用法を有する。この場合「タラ」とは対応せずに「カラ」と対応する。次のように、後件の働きかけに対する話し手の主観的な根拠を提示するものが、「nikka」の典型的な理由用法とされる。

(11) 빈 방 많으니까 형 집으로 오너라.
　　 bi-n bang manh-eunikka hyeong jib-eulo on-eola.
　　 (空く-[連体] 部屋 多い-nikka 兄 家-に 来る-[命令].)
　　 (空き部屋多いから、俺の家に来い)
(12) 周辺には洋館風の洒落た店が多いから、気に入ったお店に入って御覧なさい。

「判断の根拠を表す」(前田2009)用法で、前件と後件の時間関係が前後している場合にも「nikka」は用いられ、「カラ」と対応する。これも理由表現の一種として見なすことができるだろう。

(13) 그만큼 오래 있어 왔으니까 일 하는 덴 괜찮은 거야.
　　 geumankeum olae iss-eo wa-ss-eunikka il ha-neun de-n gwaenchanh-eun geoy-a.
　　 (それだけ 長く いる-[連用] くる-[過去] -nikka 仕事 する-[連体] こと-には 大丈夫だ-[推量] -[汎用].)
　　 (それだけ長く勤務してきているから、働くには悪くないの

よ)
(14) 指輪をしているから既婚者だ。　　　　　　　　(前田2009)

このように、「nikka」は、いわば話し手の主観的な理由付けの表現に用いられるが、このような特徴は、客観的な原因を表す「eoseo」とよく対比される。第3章で、連続の継起用法を表す「eoseo」が「テ」に対応することを見たが、客観的な原因を表す用法においても、これらは対応する場合が多い。

(15) 어제 교통사고가 나서 도로가 마비됐대.
　　　eoje gyotongsago-ga na-seo dolo-ga mabi-dwa-ess-da-e.
　　　(昨日 交通事故-が 出る-eoseo 道路-が 麻痺-なる-[過去]
　　　-[伝聞]-[汎用].)
　　　(昨日交通事故があって、道路が麻痺状態だったって)

(16) 감기에 걸려서 회사를 쉬었다.
　　　gamgi-e geolly-eoseo hoesa-leul swi-eoss-da.
　　　(風邪-に かかる-eoseo 会社-を 休む-[過去]-[叙述].)
　　　(風邪を引いて、会社を休んだ)

「eoseo」と「nikka」が表す因果関係の違いは、「客観的原因：主観的理由」以外にも、「新情報：旧情報」、「後件叙述的（過去）：後件遂行的（未来）」、「前件焦点：後件焦点」などが指摘されている。

さて、本書では、「タラ」の個別条件も、「nikka」の理由用法も、継起性から派生するものと考える。本書における継起とは確定的条件用法としての継起を指すが、以降では、「前件と後件の事態を時間や認識の流れに沿って」把握する特徴を「継起性」と呼ぶことにする。

2. 継起性の二面性

2.1　継起から個別条件へ

「タラ」の一般的な特徴について、久野（1973: 109）は「「タラ」の「タ」は完了を表す「タ」である」とし、「「S1タラS2」は、S2が起きる前にS1が起きることを前提とする」と指摘しており、

前田（1995: 488）も、「「前件が生起した後で後件が起こる」という時間的関係が必須」と述べている。これは、本書で言う継起性に他ならない。継起の確定的条件であれ、個別条件の仮定的条件であれ、「タラ」の前件の事態が完了してから後件の事態が起きるという、事態間の時間的前後関係が明示される。

　（17）お化粧をした<u>ら</u>、見ちがえるほどきれいになった。（=（7））
　（18）そんなことを言った<u>ら</u>、みんなに笑われますよ。（=（8））
　（19）試験に合格した<u>ら</u>、海外旅行に行く。（=（9））
　（20）明日に｛**なったら**／なれば｝、結果が分かる。（=（10））

「タラ」の前件の事態が完了する時点を「完了時」としてみよう。「タラ」においては、完了時は、話し手の想定する時間の流れにおいて、過去、現在、未来のいつでも設定でき、移動が自在である。完了時が過去の場合（17）のような継起表現になり、完了時が現在に近い近未来なら（18）のような仮定的条件に、完了時が未来の場合（19）（20）のような仮定的条件になる。韓国語では、（17）だけが「nikka」で、（18）〜（20）は予測条件の「myeon」が対応する。

　以上のような連続性を、特定の語用論的文脈をもって分析してみよう。（17'a）のような継起では「タラ」の完了時は発話時基準で過去にあるが、それを現在に移動すると、後件の事態が未来になるので（17'b）のような仮定的条件になる。完了時を未来へ移動すれば、後件はさらにその後の事態になるので（17'c）のような仮定的条件になる。

　（17'）a. お化粧をした<u>ら</u>、きれいになった。（←（7））
　　　　b. そんなお化粧をした<u>ら</u>、みんなに笑われるよ。
　　　　c. お化粧をした<u>ら</u>、きれいになるだろう。

「タラ」は継起性以外に特に制約を持たないため、完了時を時間軸の上で自在に移動できることから、このような用法間の連続が問題なく行われるものと考えられる。このことを図で示してみると次のようである。

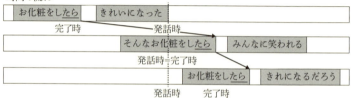

図2 「タラ」による継起と個別条件の連続性

　話し手は、「タラ」の完了時を未来へと移動させながら文末のモダリティ変えるだけで、継起から個別条件へと拡張できる。以上のように、「タラ」では、事態間の継起性が継起から個別条件への拡張を可能にしているのだと考えることができる。

2.2　継起から理由へ

　「nikka」も継起性を中心に据えているが、継起性の本質は「タラ」とは異なっている。「タラ」は、前件と後件の事態間の継起性がすべての用法に適用されるが、「nikka」は事態間ではなく、話し手による前後件の事態に対する認識間の継起性が指標となる。以下の（21）は継起、（22）は理由、（23）は判断の根拠、（24）は行為の根拠とも言えるような「nikka」の用法であるが、日本語では、（21）のみ「タラ」、他は「カラ」に対応する。

(21) 두 군데서 일하니까 이태 만에 전세금이 모이던데요.
　　 du gundeseo ilha-nikka itae mane jeonsegeum-i moi-deo-nde-yo.
　　 (2箇所で 働く-nikka 2年 で 保証金-が 集まる-［回想］-［婉曲］-［丁寧］.)
　　 (2箇所で働いたら、2年で保証金が集まりました)

(22) 빈 방 많으니까 형 집으로 오너라.　(=(11))
　　 bi-n bang manh-eunikka hyeong jib-eulo on-eola.
　　 (空く-［連体］部屋 多い-nikka 兄 家-に 来る-［命令］.)
　　 (空き部屋多いから、俺の家に来い)

(23) 그만큼 오래 있어 왔으니까 일 하는 덴 괜찮은 거야.　(=(13))

geumankeum olae iss-eo wa-ss-eunikka il ha-neun de-n gwaenchanh-eun geoy-a.
(それだけ 長く いる-［連用］くる-［過去］-nikka 仕事 する-［連体］こと-には 大丈夫だ-［推量］-［汎用］.)
(それだけ長く勤務してきているから、働くには悪くないのよ)

(24) 다 읽었으니까 빌려 드릴게요.
da ilg-eoss-eunikka billy-eo deuli-lge-yo.
(全部 読む-［過去］-nikka 貸す-［連用］さしあげる-［意志］-［丁寧］.)
(読み終わったから、お貸しします)

ソ・ジョンス（2006: 1186）は、「nikka」の継起と理由の連続性を、以下のような例を挙げ、説明している。「nikka」の前件の事態の主体が話し手のとき（(25)）、継起と理由のどちらにも解釈できるが（(26)）、このような文脈の存在が「nikka」の継起と理由の連続性を引き起こすというのである*1。

(25) 내가 이 책을 읽으니(까) 책이 다 닳았어.
nae-ga i chaeg-eul ilg-eunikka chaeg-i da dalh-ass-eo.
(私-が この 本-を 読む-nikka 本-が 全部 すり減る-［過去］-［汎用］.)

(26) a. 私がこの本を（毎日）読んだら、本がすっかりすり減ってしまった。［継起］
   b. 私がこの本を（毎日）読むから、本がすっかりすり減ってしまった。［理由］

このような説明は、本書における語用論的連続性の概念と一脈通ずるところがある。ところが、継起用法で「nikka」と類似した用法を有する「タラ」では、(25)は理由として解釈されないし、他の文脈で理由を表すようにもならない。韓国語で「nikka」による継起と理由の連続性がある文脈でも、日本語では、継起を理由にするためには「カラ」にしなければならず、これはちょうど、仮定的条件と確定的条件の連続が「nikka」で打ち切られる現象と対称的である。

ここで、「nikka」における継起と理由の連続を特定の語用論的文脈をもって分析してみよう。説明の便宜上、(17')の文脈を借用する。(27)より、「nikka」の用法の継起から理由、判断の根拠への広がりを観察することができる。(27)における「nikka」の前件と後件の命題そのものは、必ずしも時間の流れに沿っていない。「nikka」は、事態間の継起を表すのではなく、話し手の、前件と後件の事態に対する認識間の継起を表すものと考えられる。前件の事態を認識したことを示し、それを根拠として、後件で叙述、推量、働きかけなどを行うのである。

(27) a. 화장을 하니까 예뻐졌다.
　　　　hwajang-eul ha-nikka yeppeojy-eoss-da.
　　　　(お化粧-を する-nikka、きれいになる-[過去]-[叙述]。)
　　　　(お化粧をしタラ、きれいになった)

　b. 화장을 하니까 예뻐졌지.
　　　　hwajang-eul ha-nikka yeppeojy-eoss-ji.
　　　　(お化粧-を する-nikka きれいになる-[過去]-[主張]。)
　　　　((そんなに)お化粧をするカラ、きれいになったんだよ)

　c. 화장을 했으니까 예뻐졌지.
　　　　hwajang-eul hae-ss-eunikka yeppeojy-eoss-ji.
　　　　(お化粧-を する-[過去]-nikka きれいになる-[過去]-[主張]。)
　　　　(お化粧をしたカラ、きれいになったんだよ)

　d. 화장을 했으니까 이제 나가자.
　　　　hwajang-eul hae-ss-eunikka ije naga-ja.
　　　　(お化粧-を する-[過去]-nikka もう 出かける-[勧誘]。)
　　　　(お化粧をしたカラ、もう出かけよう)

　e. (저 사람은) 화장을 했으니까 여자일 것이다.
　　　　(jeo salam-eun) hwajang-eul hae-ss-eunikka yeoja-i-l

geosi-da.
((あの人-は) お化粧-を する-［過去］-nikka 女-［指定］-［推量］-［叙述］.)
((あの人は) お化粧をしているカラ、女だろう)

　このことは、「nikka」に先行する動詞の形からも分かる。(27a)～(27b) は、動詞の語幹に直接「nikka」が接続しているが、(27c)～(27e) は、過去形に接続している。これは、先行動詞の形に変化がない「タラ」とは大きく異なる特徴である。動詞の語幹につく「nikka」は、継起の可能性も理由の可能性もあるが、過去形につく「nikka」は理由としか解釈されない。前件の事態を認識したことを表す認識時が発話時現在のときは、現在において完了している事態を取り上げるが、それは過去形でも非過去形でも表すことができる ((27b)(27c)) ことから、理由の「nikka」は動詞の形に制約がない。ところが、前件が過去に認識したことを表し、後件がその認識後に起きた出来事、発見したことなどを述べる際は、認識時が過去に移動するだけで、前件を根拠に後件を述べるという用法はなくなると考えられる。その場合は、認識時が過去であることは後件の文末から表され、「nikka」の前件そのものは過去形が取れなくなるのである。これが「nikka」の継起用法である。(25) と (27b) は、認識時が完了形ではないことから、理由と継起の語用論的連続性が生じると言える。

　このように考えると、「nikka」の本来の継起性を表しているのは、理由（判断の根拠）を表す用法であると言うことができる。時間の流れではなく、認識の流れで事態を把握するなら、理由における「nikka」の認識時が過去に移動することで、継起用法に用いられるようになるのである。以上のことを図で示してみると次のようである。

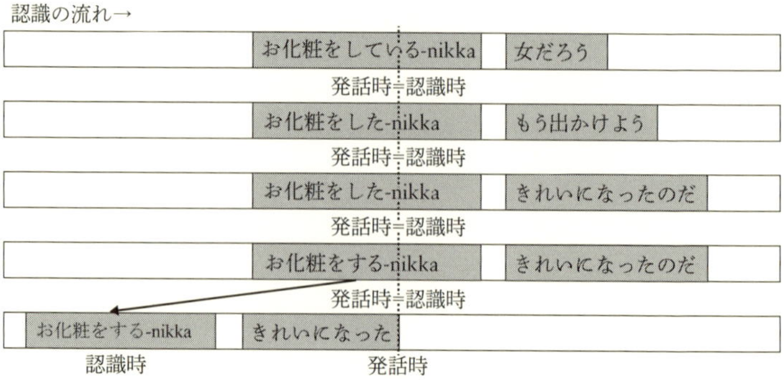

```
認識の流れ→
         | お化粧をしている-nikka | 女だろう |
              発話時≒認識時
         | お化粧をした-nikka | もう出かけよう |
              発話時≒認識時
         | お化粧をした-nikka | きれいになったのだ |
              発話時≒認識時
         | お化粧をする-nikka | きれいになったのだ |
              発話時≒認識時
| お化粧をする-nikka | きれいになった |
    認識時              発話時
```

図3 「nikka」による継起と理由の連続性

「nikka」において、認識時を未来へ移動させることは不可能のようである。「nikka」の前に意志形がつくことはできるが、それらは発話時現在における意志を表し、未来における意志にはならない。未来の認識時とその後の事態を述べるには、予測条件の「my-eon」などを用いるしかない。この点も、認識間の継起性を示す「nikka」と事態間の継起性を示す「タラ」との大きな違いの一つである。

3. 第4章のまとめ

第4章では、「タラ」と「nikka」が、継起性を有することで、ともに継起用法に用いられることを論じた。「タラ」は、継起以外に個別条件を表すが、これらの用法は「タラ」の前件と後件における「事態間の継起性」から連続性が得られるものと見た。前件の事態の完了時が、時間軸のどの時点にも移動できることから、継起→個別条件という拡張が可能になる。「nikka」は、継起以外に理由用法を有するが、理由表現における、前後件の事態に対する「認識間の継起性」が継起との連続性を生じさせると主張した。「nikka」における前件の事態への認識時は、過去に移動し継起表現に拡張するが、未来への拡張はない。第3章でまとめた、仮定的条件と確定的条件の連続性及び「タラ」と「nikka」の使い分けを表す表に、本章の議論を加えて示すと次の通りである。

表8 継起と理由の連続と「タラ」「nikka」

条件	仮定的条件		確定的条件	
用法	一般的条件	個別的条件	継起	理由
日本語	バ	バ　タラ	タラ	カラ
韓国語	myeon	myeon	nikka	nikka
継起性	事態間			認識間

---

*1　実際の使用では、継起と理由とでは、文末のモダリティ表現が多少異なってくる。

第 5 章
日本語の「ト」について

　本章では、これまで詳論してこなかった日本語の「ト」を取り上げる。「ト」は、本書で見てきた仮定的条件と確定的条件に幅広く用いられる、日本語の特徴的な条件形式である。第1章から第4章まで、図1における日韓の仮定的条件と確定的条件の用法及び語用論的連続性、対応形式を一通り概観してきた。本章では、これまでの議論をベースとして、「ト」の特徴と条件における位置づけを整理したいと思う。

1.「ト」の特徴

　「ト」については、「バ」「タラ」「ナラ」などの形式とまとめて分析・分類されることが多かった。ほとんどの文法書においてこれら4形式を取り上げ、比較説明しており、条件に関する個別研究でもこれら4形式の間の違いに焦点を置いたものが多い。北条（1964）、前田（1995）、ソルヴァン・前田（2005）、宮部（2010）などでは、これら4形式が用いられる形態的な環境や文脈を分類し、統一的なの基準によってそれぞれの形式の違いをまとめている。ところが、「ト」は他の三つの形式と異なるという指摘も多く、条件の典型性という観点から日本語の条件形式を論じた有田（1999）は、条件形式として「バ」「タラ」「ナラ」のみを認め、「ト」は英語の「and」と同様、並立的関係を表すもので、派生的に条件的意味をもつものと見なしている。前田（2009）も、「ト」の特殊性に言及し、その中心的な意味は「条件」とは異なるものであると指摘している。前田（2009: 59）は、「ト」は丁寧形に続く「しますと」という形が自然である点で他の3形式とは異なることを、泉原（2007: 437）は、「ト」節が基本的に〈述べ立て文〉とその〈問い

かけ文〉にしか使えないという制限があることをそれぞれ指摘している。有田（1999）や前田（2009）が「ト」をいわゆる「条件」から外れるものとみる最も大きな理由は、「ト」が反事実条件文に用いられにくいという点である。

さて、本書の立場からすると、「ト」が条件形式か否かという議論は的外れで、「ト」という形式がどのような意味を表し、どのように使用されているかを解明することで、日本語の特徴はより明らかになると考える。本書ではこれまで、「バ」「ナラ」「タラ」が、それぞれの最も典型的な用法から他の形式の用法へと連続していくことを、韓国語と対照しながら見てきた。接近している同類の形式との棲み分けや、当形式が用いられる語用論的文脈を解明することこそが、その形式のアイデンティティを解明することにつながる。日本語の条件を表す4形式がよく比較・対照的に取り上げられるのも、その故であろう。本章では、第1章〜第4章で論じた枠組みを選択的に採用しながら、「ト」に関する独自の説明を試みる。

2. 仮定的条件における「ト」

「ト」は、本書で論じた仮定的条件の予測条件、前提条件、個別条件、及び、確定的条件の継起に幅広く用いられる。言い換えると、「ト」は、「バ」「タラ」「ナラ」とそれぞれ語用論的連続性が生じる場合があるのである。以下、仮定的条件から見ていく。

2.1 「ト」が可能な仮定的条件

本書では、仮定的条件として「バ」の予測条件と「ナラ」の前提条件、「タラ」の個別条件を見てきた。これらの条件にそれぞれ対応する「ト」が存在する。予測性と一般性（↔個別性）が高く、「バ」の中心的な用法を占める仮定的条件では、「ト」が用いられやすいようである。韓国語では、「myeon」のみ対応する。

(1) a. 銅に濃塩酸を加えて加熱すると、二酸化硫黄ガスが発生する。
　　b. 春になると、花が咲く。　　　（日本語記述文法研究会2008）

(2) a. 수은에 열을 가하면 팽창한다. 　（ユン・ピョンヒョン 1989）
sueun-e yeol-eul gaha-myeon paengchangha-nda.
（水銀-に 熱-を 加える-myeon 膨張する-［叙述］.）
（水銀に熱を加えると、膨張する）

b. 봄이 오면 꽃이 핀다.
bom-i o-myeon kkoch-i pi-nda.
（春-が 来る-myeon 花-が 咲く-［叙述］.）
（春が来ると、花が咲く）

　仮定的条件が個別的になるほど「バ」と「タラ」の連続性が生じるが、このような文脈で「ト」も用いられる。(3b)(4b)のようなものは、反復条件と呼ばれ、特別扱いされることがあるが、個人の性質や習慣などを述べるという特徴から、個別的と言える。(3)は、「バ」「タラ」「ト」が使えるという点で共通している。韓国語では、汎用性の広い予測条件の「myeon」が用いられる。

(3) a. 新幹線で行くと、夕方5時には着くでしょう。
（泉原 2007）

b. 私はお酒を飲むと、おしゃべりになる。
（日本語記述文法研究会 2008）

(4) a. 이 책을 읽으면 공부를 잘할 수 있습니다.
i chaeg-eul ilg-eumyeon gongbu-leul jalha-l su iss-seubnida.
（この 本-を 読む-myeon 勉強-を よくする-［可能］-［叙述］.）
（この本を読むと、勉強がよくできるようになります）

b. 나는（中略）맥주를 마시면 언제나 설사를 하게 된다.
na-neun（中略）maegju-leul masi-myeon eonjena seolsa-leul ha-ge doe-nda.
（私-は（中略）ビール-を 飲む-myeon いつも 下痢-をする-［副詞］なる-［叙述］.）
（私は、ビールを飲むと、いつも下痢をする）

　「バ」との連続性が生じない次のような「タラ」の用法も、「ト」が用いられる。第3章では、以下の例が、前件で現実に起こってい

る事態を取り上げている点で、個別的な仮定的条件であることを見た。韓国語では、「myeon」が対応する。

(5) a. 暗いところで本を読むと、目を悪くしますよ。

(前田 2009)

　　b. そっちに行ったら、危ないですよ。　　(鈴木 1994)

　　c. そんなことを言ったら、みんなに笑われますよ。

(田中 1994)

(6) a. 음식 그거 남기시고 가면 다 버리는데요.

eumsig geugeo namgisigo ga-myeon da beoli-neunde-yo.

(料理 それ 残されて 行く-myeon 全部 捨てる-［婉曲］-［丁寧］.)

(その料理、残されたら、全部捨てるのですが)

　　b. 그렇게 하면 못 써요.

geuleoh-ge ha-myeon mos sseo-yo.

(そうだ-［副詞］する-myeon［不可能］使う-［丁寧］.)

(そんなことをしたら、ダメですよ)

　　c. 그렇게 빙빙 돌려 말하면 못 알아들어요.

geuleoh-ge bingbing dolly-eo malha-myeon mos aladeul-eoyo.

(そうだ-［副詞］ぐるぐる 回す-［連用］言う-myeon［不可能］聞き取る-［丁寧］.)

(そんなに回りくどい言い方をされたら、理解できません)

「ト」は、「バ」のみ可能な予測性・一般性の高い条件にも、「タラ」のみ可能な個別性の高い条件にも用いられることが分かる。

2.2 「ト」が不可能な仮定的条件

「ト」は、(3)～(6)のような個別条件では用いられるが、後件に意志や働きかけの表現が来る個別条件には用いられない。以下のような例では、「タラ」「ナラ」「バ」は用いられることがあるが、

基本的に「ト」は使えない。韓国語では、「myeon」と「geodeun」（前後件が話し手主体の場合は不可能）が用いられることを見た。

(7) a. 試験に合格<u>したら</u>、海外旅行に行く。　　　（前田2009）
　　 b. この本、読みたけれ<u>ば</u>読んでみなさい。　　（前田1995）
　　 c. 着<u>いたら</u>、電話してください。　　　　　　（前田2009）

(8) a. 영희가 합격하<u>거든</u> 옷을 맞춰 주겠다.
　　　　　　　　　　　　　　　　　　　　（チョン・ヘヨン1983）

　　　　yeonghui-ga habgyeogha-<u>geodeun</u> os-eul majchwo ju-gess-da.

　　　　（ヨンヒ-が 合格する-geodeun 服-を あつらえる-［連用］あげる-［意志］-［叙述］.）

　　　　（ヨンヒが合格したら、服を買ってあげるよ）

　　 b. 돈이 필요하<u>거든</u> 내게 와.　　　　　（チョン・ヘヨン1983）
　　　　don-i pilyoha-<u>geodeun</u> nae-ge w-a.
　　　　（お金-が 必要だ-geodeun 私-に 来る-［汎用］.）
　　　　（お金が必要だったら、私のところに来て）

　　 c. 내가 가<u>거든</u> 고루고루 나누어 먹어라.
　　　　nae-ga ga-<u>geodeun</u> golugolu nanu-eo meog-eola.
　　　　（私-が 行く-geodeun 均等に 分ける-［連用］食べる-［命令］.）
　　　　（私が行ったら、均等に分けて食べて）

ただし、後件に働きかけが来る場合でも、主節に好ましくない結果がくる場合（日本語記述文法研究会2008: 102-3）は、「ト」が用いられることがある。

(9) 動く<u>と</u>撃つぞ。　　　　　　　（日本語記述文法研究会2008）

本書では、(9) のような例は、むしろ (5) に近いと考える。(5) は、前件で現実に起こっている事態を取り上げ、後件で判断などを述べるものであるが、多くの場合「警告」「注意」として用いられる。(9) の前件は、今目の間で動きそうな聞き手の行為を取り上げており、後件は意志的事態ではあるが、本当に撃ちたいという意志を表しているのではなく、「動いたら死ぬ（だから動くな）」のような警告を表している。これは、本質的に (5) の用法

第5章　日本語の「ト」について　　89

と変わらない。このような意味で、(9) のような例外の存在にもかかわらず、後件が意志や働きかけの場合「ト」は用いられにくいという説明は有効そうである。

先行研究の指摘通り、反事実条件にも「ト」は用いられない。「バ」「ナラ」「タラ」との大きな違いの一つである。

(10) a. 学校や図書館がなかったなら、ぼくはゼロだったでしょう。
b. もしあのときにいま私がわかったことを知っていたなら、離婚せずにすんだのに。

以上の観察から、仮定的条件で「ト」は、予測性・一般性の高い「バ」の条件にも、個別性が高い「タラ」の条件にも用いられることが分かる。「ト」が用いられないのは、後件に意志や働きかけがくる場合と、反事実条件である。後件に働きかけがくるということは、一般性が極端に低い、即ち、極端に個別的と言うことができる。高い一般性は、高い予測性につながる。また、反事実条件は、前提性の高い条件だった。このことから、「ト」は、予測性の高い条件と前提性の低い条件に用いられるとまとめることができる。予測性と前提性は、仮定的条件の中核を成す2大特徴と言えるが、「ト」は予測性のみとリンクしており、仮定的条件としては不完全な形式であると言うことができる。このような考察は、先行研究における「ト」の観察と一脈通ずるものと言えよう。

3. 確定的条件における「ト」

「ト」の確定的条件は「継起」である。第3章では、継起を分類し「タラ」の用法を見たが、継起として挙げた「タラ」の用例は、すべて「ト」に置き換えることができるなど、「ト」は確定的条件と相性が良い。ここでは、継起における「ト」の用法と韓国語の対応形式を、第3章の枠組みをもって示しておく。以下は、表6に「ト」を加えたものである。

表9 継起用法と「ト」

用法	後件意志的	後件非意志的
連続	テ eoseo／go／deoni［他者］／ja［他者］	タラ／ト eoseo／go／deoni［他者］／ja［他者］
きっかけ	タラ／ト nikka／eossdeoni［話者］／ja	タラ／ト nikka／eossdeoni［話者］／ja
発見	−	タラ／ト nikka／eossdeoni［話者］／ja
発現	−	タラ／ト nikka／eossdeoni［話者］／ja

　「ト」は「タラ」の継起用法をカバーするが、「タラ」とは異なる独自の意味を有すると考えられる。以降は、継起における後件の非意志性と、韓国語の対応形式との関係を取り上げ、継起における「ト」の独自の意味用法を探る。

3.1　継起と「状況性」

　第3章では、継起の連続用法と、その他の用法（きっかけ、発見、発現）で、後件の意志性に言及した。「テ」の継起用法は、後件の事態に意志性があり、「タラ」の連続用法とその他の用法では、後件に意志性がない事態が来るというものだった。ここでは、意志性とは何かという問題に少し深く入る。従来から、意志性が問題になっているのは連続用法だけである。それは、連続以外の用法の後件は意志性と関係がないとされるか、もしくは、すべて非意志的など同質のものとされるかのどちらかであるだろうが、本書の第3章では、後者の可能性に言及した。ここでは、きっかけ、発見、発現の後件はすべて非意志的であるという仮説を立ててみよう。用例を見ながら、検証していく。以下は、きっかけ（(11)）、発見（(12)）、発現（(13)）の用例である。

(11) a.　毛糸のセーターを洗濯機で洗ったら、着られなくなった。　　　　　　　　　　　　　　　　　　（前田2009）
　　b.　きのう、この薬を飲んだら、よく効きました。
　　　　　　　　　　　　　　　　　　　　　（前田2009）
　　c.　蛇口をひねると水が出た。　（日本語記述文法研究会2008）

(12) a. 一件のバーに入ったら客はすべて黒人だった。

(前田 2009)

　　 b. 検索してみたら、下記のように書いてありました。
　　 c. ホテルの外から見ると、東京も案外丘陵が多い。

(前田 2009)

(13) a. 音楽を聞いていたら眠くなってきた。　　　(前田 2009)
　　 b. 夜、お袋と食事をしていたら、電話があった。

(前田 2009)

　　 c. 千鶴が朝食の後片づけをしていると、インターフォンが鳴った。

　これらの例は、韓国語にするとすべて「nikka」と「eossdeoni」が可能で、前件の事態が完了したところ、又は、続いている最中に、後件の事態が生じ、前件の事態の主体はその事態を知覚・観察していたことを述べる文と言える。これらの例は、後件の命題を「～が分かった」「～を発見した」「～に気づいた」など知覚表現に言い換えても意味が変わらない。「eossdeoni」の方がより話者視点に特化しているが*1、両形式ともに、このような意味を伴う。(11)～(13)の後件は、述語そのものが状態的だったり、存在や出現などを表したりと、非意志的であると言える。ところで、きっかけ用法などには、次のような、後件の動作が意志的な例が見られる。

(14) 太郎が来たら、花子が帰った。　　　　　　(久野 1973)
(15) 어머니가 무슨 말을 하니까 아버지께서 욕을 하셨다.
　　 eomeoni-ga museun mal-eul ha-nikka abeoji-kkeseo yog-eul ha-sy-eoss-da.
　　 (母-が 何の 言葉-を 言う-nikka 父-が（尊敬）悪口-を 言う -［尊敬］-［過去］-［叙述］.)
　　 (母が何か言ったら、父が悪口を言った)

　しかし、これらにおける「花子が帰った」「父が悪口を言った」という事態は、「太郎が来た」「母が何か言った」ときにその事態がきっかけになって発生した事態として、話し手が直接知覚・観察したことであり、意志的な事態というよりは、話し手の目に入った状況として描かれていると理解することができる。(11)～(13)と

異なるのは、(14)〜(15)は「eossdeoni」が不自然で*2、前件の主体の目線で後件の事態を観察することが出来ないということである。この意味で(14)〜(15)はやや特殊ではあるが、主体の目線が話し手の目線になる場合を認めるなら、(11)〜(13)と同じような説明が与えられると思われる。このように、前件の主体(又は、話し手)がある事態を知覚・観察の対象として後件の事態を表現する場合、その事態は述語の性質と関係なく、意志性を持たないと考えられる。このような特徴を、動作の意志性と区別するために、後件の事態の「状況性」と呼んでみよう。きっかけ、発見、発現の後件はすべて非意志的であるという仮説は、きっかけ、発見、発現の後件はすべて状況的であると修正できる。

　一方、連続用法においては、後件の事態が意志的な場合「テ」が、非意志的な場合「タラ」「ト」が用いられることを見た。次の例を見る限り、その観察は正しいように見える。

(16) a.　(彼は) コーフの市場に行って、未加工の羊毛を買った。
　　 b.　姑をホームから連れて帰って、3時間余り話した。
(17) a.　布団に入ると、すぐにぐうぐう寝てしまった。
　　　　　　　　　　　　　　　　　　　　　　(仁田 1987)
　　 b.　李さんは、契約書にサインをすると、ほっとした表情を見せた。　　　　　　　　　　　　　　　　(泉原 2007)

ところが、次の例では、後件の動作が意志的な文に「タラ」「ト」((18))が、非意志的な文に「テ」((19))が用いられている。

(18) a.　母は部屋に入るとドアに鍵をかけた。　　(前田 2009)
　　 b.　(僕は) 高校に入ったら、まよわず美術部に入った。
(19) a.　あなたの質問を読んで、もらい泣きしてしまいました。
　　 b.　思わず「かわいい！」と叫んで、夫に笑われてしまいました。

基本的に、前件と後件の主体が同じである連続用法では、後件は非状況的であると言える。実際、(16)〜(19)を韓国語にしてみると、すべて「eoseo」「go」(「テ」)になり*3、「nikka」や「eossdeoni」とは対応しない。このことは、後件の動作が非意志的な(17)や(19)の場合も同じである。「nikka」や「eossdeoni」からすると、

第5章　日本語の「ト」について　　93

前件の事態が発生した時点で、後件の事態を主体の視点から知覚・観察するのだが、前件と後件が同一主体の場合、自分が自分の行為などを知覚・観察するということになり、通常なら用いられない表現なのである。自分が自分を観察することは、例えば、自分の体の状態などを観察する場合位である。

(20) a.　おふろに入ったら、さっぱりした。

　　 b.　トリプルを食べたら、お腹が冷えて腹が痛くなりました。

(21) a.　목욕을 했더니 뽀송뽀송해졌다.

　　　　 mogyog-eul hae-ssdeoni pposongpposonghaejy-eoss-da.

　　　　（沐浴-を する-eossdeoni さらさらになる-［過去］-［叙述］.）

　　　　（おふろに入ったら、さらさらになった）

　　 b.　혈압약 먹으니까 두통이 생겼어요

　　　　 hyeolabyag meog-eunikka dutong-i saenggy-eoss-eoyo.

　　　　（血圧薬 飲む-nikka 頭痛-が できる-［過去］-［丁寧］.）

　　　　（血圧薬を飲んだら、頭痛がしました）

　しかし、これらの例は、もはや連続用法ではなく、きっかけ用法になり、「nikka」「eossdeoni」も用いられる。(20)～(21)では、前件と後件が異なる主体とされるのである。ここで、継起用法を分類する主体という言い方に語弊がある（特に、(20a)(21a)）ことが分かる。敢えて言うなら、主体ではなく主語と言った方が相応しいようである。さて、(16)～(19)は、前件と後件の主体も主語も同一で、何より、前件と後件の内容から、前件の主体が後件の事態を自分の目線で知覚・観察するといった意味は生じ得ない。要するに、(16)～(19)の後件の事態は、動作の意志性と関係なく、「状況性」がないと言えるのである。韓国語で「nikka」と「eossdeoni」が用いられないのは、このことを反映している[*4]。「タラ」や「ト」は、(11)～(13)のようなきっかけ、発見、発

現の用法では状況性を表すが、(16)〜(19)のような連続用法では状況性を失っていると言える。「タラ」と「nikka」のズレもここから来ると考えられる。

3.2 「ト」と「ja」

(16)〜(19)における「ト」や「タラ」が状況性の連続表現を表さないなら、「ト」や「タラ」はどのような意味で用いられているのだろうか。「テ」については、(16)〜(19)では用いられ、後件の事態に状況性がある(11)〜(13)では用いられにくいことから、状況性のない文脈で用いられる形式と言えそうである。これは、韓国語の「eoseo」「go」にも当てはまる。ところが、「ト」や「タラ」は、状況性のある文脈にも、ない文脈にも用いられ、本来の用法が特定しにくい。

ここでは、「ト」と、韓国語の「deoni」と「ja」とを比較しながら、「ト」の意味を考えてみたいと思う。(16)〜(19)は、「nikka」や「eossdeoni」にはならないが、「deoni」と「ja」を用いることはできる。「deoni」は、「eossdeoni」とは反対に、主体が第三者の場合にのみ用いられ、連続用法のみ有するものだった。「ja」は、連続用法では第三者主体にしか用いられないが、きっかけ用法では、話し手主体の場合にも用いられる。「eossdeoni」が、後件の事態を状況的に示すなら、「deoni」は前件と後件の事態を共に状況的に示すと言える。即ち、話し手の視点から、第三者の連続する二つの行為を知覚・観察して伝えるものなのである。それ故、連続用法では、主体が第三者なら、前件と後件がどのような関係でつながっていても用いることができる。

(22) a. 날 보더니 많이 긴장하더라.
 na-l bo-deoni manhi ginjangha-deola.
 (私-を 見る-deoni とても 緊張する-[回想].)
 (私を見ると、すごく緊張していたよ)
 b. 민순경은 최경장 앞으로 가더니 짧게 보고를 마쳤다.
 minsungyeong-eun choegyeongjang ap-eulo ga-deoni jjalb-ge bogo-leul machy-eoss-da.

(ミン巡査-は チェ警長の 前-へ 行く-<u>deoni</u> 短い-［副詞］報告-を 終える-［過去］-［叙述］.)

(ミン巡査は、チェ警長の前に出ると、短く報告を終えた)

  c. 내가 지어 준 한약을 열 첩 먹<u>더니</u> 애를 낳았어요.

    nae-ga ji-eo ju-n hanyag-eul yeol cheob meog-<u>deoni</u> aeleul nah-ass-eoyo.

    (私-が 作る-［連用］あげる-［連体］漢方薬-を10貼 飲む-<u>deoni</u> 子供-を 産む-［過去］-［丁寧］.)

    (私が作ってあげた10貼の漢方薬を飲むと、子供を産みました)

 一方で、「ja」は、状況性は持たないようである。「ja」は、連続の第三者主体のみならず、きっかけ、発見、発現などの場合にも用いられるが、この場合主体の制約はない。「ja」も、前件と後件の主体が話し手の場合でなければ、継起用法に広く用いられる。特に、「nikka」とは異なり、(23d) のように、前件が第三者主体で後件が話し手主体の場合にも用いられる。

(23) a. 레이시는 이승만에게 접견을 거절당하<u>자</u> 5 개월 만에 사표를 냈다.

   leisi-neun iseungman-ege jeobgyeon-eul geojeoldangha-<u>ja</u> 5gaewol mane sapyo-leul nae-ss-da.

   (レイシー-は イスンマン-に 接見-を 拒絶される-<u>ja</u> 5ヶ月 後に 辞表-を 出す-［過去］-［叙述］.)

   (レイシーは、イスンマンに接見を拒絶されると、5ヶ月で辞表を出した)

  b. 자녀들의 생활 모습이 바뀌<u>자</u> 학부모들도 달라지기 시작했다.

   janyeo-deul-ui saenghwal moseub-i bakkwi-<u>ja</u> hagbumodeul-do dallaji-gi sijagha-ess-da.

   (子女-［複数］-の 生活 姿-が 変わる-<u>ja</u> 父兄たち-も 変わる-［名詞化］はじめる-［過去］-［叙述］.)

   (子どもたちの生活が変わると、父兄たちも変わりはじめた)

c. 큰 길에 접한 인도에 들어서자 '백골단'이 가로막았다.
keu-n gil-e jeobh-an indo-e deuleoseo-ja 'baeggoldan'-i galomag-ass-da.
(大きい-［連体］道-に 接する-［連体］歩道-に入る-ja '白骨団'-が 立ちふさがる-［過去］-［叙述］.)
(大通りに接した歩道に入ると、'白骨団'が立ちふさがった)

d. 그들이 가까이 다가오자 우리는 배를 스톱시켰다.
geu-deul-i gakka-i dagao-ja uli-neun bae-leul seutob-siky-eoss-da.
(彼-［複数］-が近く-に dagao-ja 私達-は船-をストップ-させる-［過去］-［叙述］.)
(彼らが近づいてくると、私達は船をストップさせた)

(23d)のような場合に用いられることから、「ja」は、話し手の目線で後件を知覚・観察するといった状況性は持たないと言える。ところが、(23a)では、「deoni」のように、第三者の連続する二つの行為を表すことができ、(23b)と(23c)では、きっかけや発見用法にも近づいている。状況性のない「ja」でも、(23a)〜(23c)の文脈では状況性が感じられる。これは、「ja」の意味ではなく、文脈そのものから来る意味合いであると言うことができる。(22)の「deoni」の例は、前件と後件の内容からするとすべて「ja」を用いることができるが、文体がかなり文語的になる。話し手の知覚・観察した経験を発話時に伝えるという意味で、「deoni」は会話的と言える。「ja」は、文脈に依存する場合以外は状況性を持たないという点が、文語的という文体的な特徴につながっていると考えられる。

継起における「ト」は、「nikka」、「eossdeoni」（話者）、「deoni」（他者）、「ja」の用いられる文脈で広く使えるが、このうち「ja」と最も類似していると思われる。「nikka」、「eossdeoni」（話者）、「deoni」（他者）は、用いると直ちに状況性の意味が生じ、前件と後件の意味関係が状況性と見合わない場合は用いられなくなる。一方で、「ja」は、状況性は文脈に任されており、話し手による連続

する行為以外は、二つの事態を単に時間の流れに沿って淡々と結びつけているような印象がある。日本語の場合、「ja」のような基本意味を有する「ト」が、状況性のある文脈で用いられることで「nikka」、「eossdeoni」(話者)、「deoni」(他者)と対応するようになり、状況性のない文脈では、時間性のみが表れるのではないだろうか。「ja」が他の形式とは異なる特徴を有するということは、次のような例からも分かる。

(24) 이불을 걷<u>자</u> 그녀가 기지개를 쭉 켜<u>더니</u> 주섬주섬 일어나 앉았다.
ibul-eul geob-<u>ja</u> geunyeo-ga gijigae-leul jjug kyeo-<u>deoni</u>
juseomjuseom ileona anj-ass-da.
(布団-を とりのける-<u>ja</u> 彼女-が 伸び-を する-<u>deoni</u> ゆっくり 起きる(-[連用])座る-[過去]-[叙述].)
(布団をとりのけると、彼女は伸びをして、ゆっくり起きて座った)

この文で、「ja」は「deoni」と同時に用いられているが、「deoni」は状況性を表し、「ja」は単に前件と後件の事態を時間に沿って繋いでいると言える。前田(2009: 74)は、「「ト」では二つの動作しか連続させることができない」としており、「テ」などの形式と異なると指摘しているが、この指摘は「ja」にも当てはまる。ただ、「ト」はその汎用性から、「ja」に比べると会話でも用いられるように思われる。以上を、表に示すと次のようである。

表10　継起における「ト」と韓国語の対応形式

文脈	状況性有り		状況性無し	
文体	会話的	文語的		
日本語	タラ(ト)	タラ ト	タラ ト	
韓国語	nikka　deoni　eossdeoni	ni　ja	ja	

「ト」は、「タラ」との類似性に言及されることも多いが、実際、継起における「ト」と「タラ」はほとんど重なることが分かる。ただし、「ト」が「ja」に近い性質を有しながら文脈によって状況性を示すなら、「タラ」は、「nikka」に近い性質を持ちながら状況性のない文脈でも用いられるものと見られる。「タラ」の本務は個別

条件であり、前件と後件の関係が「ト」より緊密であると考えられるからである。状況性がなく、単に、前件の事態が発生した時点で後件の事態が発生したことを表す「ト」と「ja」の用法は「単純継起」と言って良いかもしれない。

4. 第5章のまとめ

　第5章では、本書の枠組みを選択的に取り上げながら、仮定的条件と確定的条件に用いられる「ト」に関する独自の説明を試みた。仮定的条件で「ト」は、予測性の高い条件と前提性の低い条件に用いられることから、仮定的条件としては不完全な形式であることを指摘した。また、確定的条件では、韓国語形式との対照分析を通し、「nikka」や「タラ」などとは異なる単純継起を表すことを見た。このような考え方は、「ト」がいわゆる条件形式ではないという先行研究の指摘と一脈通ずる。本章の考察に基づいて、これまで見てきた条件用法における「ト」の位置づけを表に示す。

表11　「ト」の位置づけ

条件性Ⅰ	仮定的					確定的	
条件性Ⅱ	前提的		予測的				
			一般的				個別的
条件用法	前提	(連続的)	予測	(連続的)	個別	継起	理由
日本語	ナラ	ナラ　バト	バト	バ　タラ　ト	タラ　ト	タラ	カラ
韓国語	damyeon	damyeon myeon	myeon	myeon	myeon	nikka deoni　ja	nikka

　「タラ」が継起性に負って仮定的条件用法と確定的条件用法を同時に有することを見たが、「ト」も、その単純継起という特質における継起性から、仮定的条件用法に用いられることが可能だったと考えられる。特に、「タラ」が個別性を中枢意義と据えているのに対し、「ト」はそうでないことから、「タラ」とは違って一般性の高い条件にも用いられ得るのであると言うことができる。「ja」は、「ト」と同じような単純継起という特徴を有するが、確定的条件と仮定的条件を行き来することはできない。これは、韓国語の条件の

全般的な特徴で、「ja」もその例外ではないのである。

*1 「話者」とは、発話の主体という意味で、必ずしも一人称である必要はない。三人称主体である（13c）にも「eossdeoni」は自然に使え、「千鶴」の目線から描かれたものとして後件の事態が表せる。主体視点と言えるかもしれない。

*2 （13c）の場合、小説の主人公などで前件の主体と話し手との一体化が容易に行われるが、（14）〜（15）の場合、現実の人物と解釈されやすいので、そのような一体化が行われにくいものと考えられる。

*3 「eoseo」と「go」の使い分けそのものは、前件と後件の細かい意味関係によって行われるが、ここの議論では、連続用法の「テ」に対応する同一カテゴリーと扱って差し支えないことから、以下では、「eoseo」「go」のように示す。「eoseo」と「go」の使い分けについては、第3章の3.1を参照すること。

*4 （19）の場合、後件の表現を変えて、「涙が出た」「夫が笑った」のようにきっかけ用法として表せば「nikka」が用いられやすくなる点で、「nikka」は徹底的に状況性を要求すると言える。（17）は、後件を「眠くなった」「ほっとした」のように変えると「nikka」が可能になる。（16）と（18）は、そのような言い換えが難しいことから、後件の意志性が強い表現ほど、連続以外の継起表現になりにくいということは言えるのかもしれない。

第6章
韓国語の「eoya」について

　本章では、韓国語の「eoya*1」が示すいわゆる「必須条件」について日本語との対照分析を行い、必須条件の範疇や定義を考えるとともに、様々な表現への広がりを持つ「eoya」構文の全体像、及び、その条件における位置付けを明らかにする。

1.「eoya」構文の広がり

　本書では、条件表現を仮定的条件と確定的条件に分け、日韓の形式を見てきたが、日本語は仮定的条件形式が、韓国語では確定的条件形式が発達していることが分かる。「eoya」は、日本語には対応する形式が存在しないとされ、必須・義務・当為・当然などを表す特殊な形式として位置づけられることが多い。韓国内の研究では「myeon」「geodeun」などと並んでしばしば取り上げられることがあるのに対し、日本語との対照的観点の分析はほとんど行われていないのが現状である。「eoya」が主に表すとされる必須・義務・当為・当然などの意味は、日本語においては通常の仮定的条件形式「バ」「ト」(「テハ」) などが用いられるが、「eoya」文とは統語的構造が異なってくる。また、統語的・形態的に「eoya」に最も近い「テコソ」はその使用が限られており、「eoya」構文の広い用法をカバーするような形式ではない。さらに、「eoya」には慣用化した表現のほか、反事実条件や譲歩条件を有するが、これらについては対照研究のみならず、韓国内の研究もあまり進んでいないのが現状である。

　本章では、「eoya」形式が用いられる様々な表現を「eoya」構文と呼び、その用法を網羅的に概観しながら、その特徴を明らかにする。「ト」の場合と同じように、様々な用法に広がっていても、

「eoya」の固有の意味特性が根底にあると考えられる。本章では、その共通の意味特質とは何か、また、それがどのようなメカニズムで拡張していくのかについて説明を与える。まず、「eoya」の用法を概観する。本章で取り上げる「eoya」の用法は、以下の五つである。

(1) 「eoya」構文の広がり

 a. 仮定的条件の接続表現
  例） 윗물이 맑<u>아야</u> 아랫물이 맑다.
   wismul-i malg-<u>aya</u> alaesmul-i malg-da.
   (上水-が 清い-eoya 下水-が 清い-［叙述］.)
   (上水が清くないと下水も清くない〈諺〉)

 b. 反事実条件
  例） 그쯤에서 나는 전화를 끊<u>었어야</u> 옳았다.
   geujjeum-eseo na-neun jeonhwa-leul kkeunh-<u>eoss-eoya</u> olh-ass-da.
   (その辺-で 私-は 電話-を 切る-［過去］-eoya 正しい-［過去］-［叙述］.)
   (その辺で、私は電話を切るべきだった)

 c. 当為を表す文末表現
  例） 출세하려면 공부를 열심히 해<u>야</u> 된다.
   chulseha-lyeo-myeon gongbu-leul yeolsimhi ha-<u>eya</u> doe-nda.
   (出世する-［意志］-［条件］勉強-を 熱心にする-eoya なる-［叙述］.)
   (出世するためには、一生懸命勉強しなければならない)

 d. 終結語尾化した表現
  例） 저도 살<u>아야죠</u>.／애가 잠을 자<u>야지</u>.
   jeo-do sal-<u>aya-ji-yo</u>.／ae-ga jam-eul ja-<u>ya-ji</u>.
   (私-も 生活する-eoya-［主張］-［丁寧］.／子供-が 睡眠-を 寝る-eoya-［主張］.)
   (私も生活していかないと／子供が寝てくれないも

の)
   e. 譲歩条件＊2
      例）열심히 공부해 봐야 아무런 소용이 없다.
      yeolsimhi gongbuha-e bw-aya amuleon soyong-i eobs-da.
      (熱心に 勉強する-［連用］みる-eoya なんら 所用-が ない-［叙述］.)
      (一生懸命勉強しても無駄だ)

以降、この順にそれぞれの用法を観察していくが、その前に、助詞「ya」と「eoya」の関係について簡単に述べておく。

2. 助詞「ya」と「eoya」

「eoya」は歴史的に、「eo」に助詞の「ya」が付いたものとされる（ク・ヒョンジョン 1989b、1996、徐泰龍 1988、ペク・ナクチョン 2003 など）。助詞「ya」はモダリティ的な意味を表すとされ様々な先行記述があるが、最も中心的な意味は「当然」と「強調」であるとまとめることができる＊3。(2) は助詞「ya＊4」、(3) は「eoya」の用例である。

(2) a. 영어야 철수가 도사지.
     yeongeo-ya cheolsu-ga dosa-ji.
     (英語-ya チョルス-が 達人-（［指定］）-［主張］.)
     (英語ならチョルスが達人だよね)

   b. 우리가 영희네보다야 부자겠지.
     uli-ga yeonghuine-boda-ya buja-gess-ji.
     (私達-が ヨンひんち-より-ya 金持ち-（［指定］）-［推量］-［主張］.)
     (うちがヨンひんちよりは金持ちだろう)

   c. 한 달이 지나서야 소식이 왔다.
     han dal-i jinaseo-ya sosig-i wa-ss-da.
     (一 月-が 経って-ya 消息-が 来る-［過去］-［叙述］.)
     (一月経ってやっと連絡が来た)

d. 무슨 일이 있어도 기어코 해내고야 말겠다.
   museun il-i iss-eodo gieoko haenaego-ya mal-gess-da.
   (何の こと-が ある-[逆接] 絶対に やり遂げる-ya しまう-[意志]-[叙述].)
   (何があっても絶対やり遂げて見せるぞ)

(3) a. 하늘을 보아야 별을 따지.
   haneul-eul bo-aya byeol-eul tta-ji
   (空-を 見る-eoya 星-を とる-[主張].)
   (空を見ないと星はとれない〈諺〉)

   b. 작가는 무덤 속까지 붓을 가지고 가야 한다.
   jagga-neun mudeom sog-kkaji bus-eul gaji-go ga-aya ha-nda.
   (作家-は 墓 中-まで 筆-を 持つ-[付帯] いく-eoya する-[叙述].)
   (作家はお墓まで筆を持って行かなければならない)

ホン・サマン(2002)の考察によると(2a)(2b)は「「neun」+「当然」を表す副詞」のような意味を持つ用法で、(2c)(2d)は、「ya」が話者の心的態度を強調的に表す用法で、「ya」がなければ中立的な意味を表す。これら「ya」の用法のうち、接続形に「ya」がついた(2c)(2d)は一見(3)の「eoya」に近いようにも見える。しかし、(2c)(2d)は「ya」がなくても文意が変わらないのに対し、(3)は「ya」がないと非文になってしまう点で大きく異なる。さらに、助詞「man」(だけ)との共起においても、通常助詞「ya」は「man」に後接するが、「eoya」は「man」に先行するという違いがある。

(4) a. 그야 꼭 그 일 때문 {만이야/*이야만} 아니지.
   geu-ya kkog geu il ttaemun {man-iya/*i-yaman} ani-ji.
   (それ-ya 必ずしも その こと ため {man-ya/*ya-man} 違う-[主張].)
   (それは、必ずしもその件のせいではない)

   b. 장가를 가야만 자식을 보나?

jangga-leul ga-aya-man jasig-eul bo-na?
(結婚-を いく-eoya-man 子息-を 見る-［疑問］?)
(結婚しなきゃ子供が持てないか)

　以上の考察から、(2)は助詞「ya」、(3)は「eoya」構文の一部として定着したものであり、「eoya」の「ya」は助詞「ya」とは別物であると見るのが妥当であると言える。ソ・ジョンス(2005: 277)は、「eoya」が歴史的に「eo + ya」の複合形であるとしてもその形成過程はかなり古い時期に終わっているとし、現代語では「eoya」を単一形と扱うしかないと述べている。本書もその見解に従い、「eoya」を単一の形式と見る。

3.「eoya」と必須条件

3.1　仮定的条件の接続表現

　二つの事態をつなぐ連結語尾としての使用は「eoya」の典型的な用法の一つであると考えられる。「eoya」で現実に起こっていない事態を取り上げ、後件でそれを因果関係にある事態を述べる、仮定的条件の用法である。

(5)　a.　윗물이 맑아야 아랫물이 맑다.
　　　　　wismul-i malg-aya alaesmul-i malg-da.
　　　　　(上水-が 清い-eoya 下水-が 清い-［叙述］.)
　　　　　(上水が清くないと下水も清くない〈諺〉)
　　　b.　매운맛을 봐야 정신을 차릴 모양이군.
　　　　　maeunmaseul bw-aya jeongsin-eul chalil mo-yang-i-gun.
　　　　　(痛い目に遭う-eoya 気をつける 様子-［指定］-［気づき］.)
　　　　　(痛い目に遭わないと気をつけないようだな)
　　　c.　당신은 도대체 똑같은 말을 몇 번이나 해야 알아듣소?
　　　　　dangsin-eun dodaeche ttoggat-eun mal-eul myeoch beon-ina hae-ya aladeud-so?
　　　　　(あなた-は 一体 同じだ-［連体］言葉-を 何度-も 言う

-eoya 聞き取る-［疑問］?）

（あなたは一体同じことを何度言ったら理解しますか）

　以上のような用法は、従来「必須条件」と呼ばれているが、ここでは、当たり前のように用いられて来た必須条件を定義しておきたいと思う。まず、(5)のような表現は、仮定的条件の一種であることは確かである。第1に、前件と後件の事態は現実世界で起こっていない事態か、実現とは関係ない事態を表す。第2に、順接の仮定的条件が含意するとされる「誘導推論」を、(5)も含意する*6。誘導推論を含意するということは、前件と後件が確かな因果関係にあることを示す。

(5') a. 윗물이 맑지 않으면 아랫물도 맑지 않다.
wismul-i malgji anh-eumyeon alaesmul-do malg-ji anh-da.
（上水-が 清く ない-myeon 下水-も 清い-［否定］-［叙述］.）
（上水がきれいでなければ、下水もきれいでない）

b. 매운맛을 안 보면 정신을 안 차릴 모양이군.
maeunmaseul an bo-myeon jeongsin-eul an chalil moyang-i-gun.
（痛い目に遭う-［否定］-myeon 気-を［否定］つける-［連体］模様-［指定］-［気づき］.）
（痛い目に遭わなければ、気をつけないようだな）

c. 당신은 똑같은 말을 몇 번이나 하지 않으면 못 알아듣소?
dangsin-eun ttoggateun mal-eul myeoch beon-ina haji anh-eumyeon mos aladeud-so?
（あなた-は 同じ 言葉-を 何度-も する-［否定］-myeon［不可能］聞き取る-［疑問］?）
（あなたは、同じことを何度も言わなければ、理解出来ませんか）

　第3に、(5)の「eoya」を「myeon」に置き換えても文の意味論的な意味は変わらない*6（文全体の自然さを出すため、表現をやや変更している）。

(5") a. 윗물이 맑으면 아랫물도 맑다.
wismul-i malg-eumyeon alaesmul-do malg-da.
(上水-が 清い-myeon 下水-も 清い-［叙述］.)
(上水がきれいであれば、下水もきれいだ)

b. 매운맛을 보면 정신을 차리겠지.
maeunmaseul bo-myeon jeongsin-eul chali-gess-ji.
(痛い目に遭う-myeon 気-を つける-［推量］-［主張］.)
(痛い目に遭えば、気をつけるだろう)

c. 당신은 도대체 똑같은 말을 몇 번 하면 알아듣소?
dangsin-eun dodaeche ttoggat-eun mal-eul myeoch beon ha-myeon aladeud-so?
(あなた-は 一体 同じだ-［連体］言葉-を 何度 言う-myeon 聞き取る-［疑問］?)
(あなたは、一体同じことを何度言えば理解しますか)

　また、反事実条件を有することや、文末形式として慣用化することも、一般的な仮定的条件形式によく見られる現象である。「eoya」の複文は、確かな仮定的条件である。文脈によっては、(5) は (5") に置き換えることもでき、「eoya」と「myeon」では語用論的連続性があると言うことができる。しかし、「eoya」文は「myeon」文とは異なる独自の意味を有する。

　(5) が (5") と異なるのは、話し手の前件の事態に対する強い気持ちが表れていること、即ち、モダリティ的な意味が表れていることである。(5a) は、「上水が清い」ことに当為性を与えており（「清い必要がある、清くなければならない」）、(5b) は、「痛い目に遭わせるぞ」と聞き手を脅かしているニュアンスがあり、(5c) は「同じことを何度も言わされて腹が立つ、何度も言いたくない」という気持ちが表れているのである。このようなモダリティ的意味は、文脈によって (5') や (5") でも表れることがあるが、「eoya」を用いることでよりはっきり示されると言える。以降は、このような「eoya」のモダリティ的意味はを仮に「必須性」と呼び、前件と後件の事態を仮定的条件として取り上げるのに必須性を伴う

「eoya」の条件を、従来の用語を借りて「必須条件」と呼んでみよう。必須条件は、論理学で言う必要条件とは異なる。ソ・ジョンス(2005)では「eoya」節を必要条件と呼んだが、ヨム・ジェイル(2013)は、これに反論し、「eoya」は「唯一な十分条件(the only sufficient condition)」を表すとしている*7。論理学的に言うと、「eoya」は、話し手が最も強力だと信じている条件を提示する。(5b)の前件は、(6)の様々な十分条件の候補の中から、話し手が最も強力だと信じる(必要だと考える)(6a)を提示しているものと考えられる。この点で、「eoya」は「最強の十分条件」と言えるのかもしれない。

(6) a. 매운맛을 보면 정신을 차린다. ＜最強＞
        maeunmaseul bo-myeon jeongsin-eul chali-nda.
        (痛い目に遭う-myeon 気-をつける-［叙述］.)
        (痛い目に遭えば気をつける)＜最強＞
    b. 친절하게 조언을 하면 정신을 차린다.
        chinjeolhage joeon-eul ha-myeon jeongsin-eul chali-nda.
        (親切に 助言-をする-myeon 気-をつける-［叙述］.)
        (親切に助言すれば気をつける)
    c. 스스로 공부를 하면 정신을 차린다.
        seuseulo gongbuleul ha-myeon jeongsin-eul chali-nda.
        (自ら 勉強-をする-myeon 気-をつける-［叙述］.)
        (自ら勉強すれば気をつける)
    d. …

さて、以上の「eoya」の例を日本語で表すとなると、「てこそ」「てはじめて」などのより統語的に近い表現があるにもかかわらず、「〜なければ、〜ない」「〜ないと〜ない」のような否定の表現になることが一般的である。「てこそ」「てはじめて」は「eoya」ほど生産的ではなく、その使用からして英語の「only if」に近い表現と思われる。李廷玟(1980)は、「eoyaman」が英語の「only if」に当たると指摘しており、「eoya」は「てこそ」「てはじめて」に比べて前件の事態を限定する度合いが弱いと言えるのかもしれな

い*8。なお、韓国語でも「～なければ、～ない」類の表現ができるが、「eoya」を用いた場合とはニュアンスが異なり、文脈に応じて使い分けられているようである。「～なければ、～ない」の表現が使用されている実例を観察すると、改まった文体で、後件の否定的な内容を強調するものが多いことが分かる*9。

(7) 담당 의사는 다른 사람의 콩팥을 이식받지 않으면 가망이 없다고 했다.
damdang uisaneun daleun salamui kongpateul isigbabji anheumyeon gamangi eobsdago haessda.
(担当医は、他の人の腎臓を移植してもらわなければ、希望がないと言った)

(8) 범인이 체포돼 격리되지 않으면 추가적 범행을 막을 수가 없다.
beomini chepodwae gyeoglidoeji anheumyeon chugajeog beomhaengeul mageul suga eobsda.
(犯人が逮捕され、隔離されなければ、追加的な犯行を防ぐことができない)

(9) 지금 이렇게 안 하면 나중에는 할 수 없다고. 그리고 자기가 책임져야 할 식구가 너무 많다고.
jigeum ileohge an hamyeon najungeneun hal su eobsdago. geuligo jagiga chaegimjyeoya hal sigguga neomu manhdago.
(今こうしなければ、次はできないって。そして、自分が責任を負わなければならない家族が多すぎるって)

(10) 천위원님, 세상이 그래서 그렇다는 것이 아니고 그렇게 안 하면 회사를 경영할 수가 없습니다. 거기에 문제가 있는 것이지요.
cheonwiwonnim, sesangi geulaeseo geuleohdaneun geosi anigo geuleohge an hamyeon hoesaleul gyeongyeonghal suga eobsseubnida. geogie munjega issneun geosijiyo.
(千委員、世の中がそうであるからそうだっていうのではなくて、そうしなければ、会社を経営することができません。そこに問題があるのです)

3.2 反事実条件

「eoya」は、一般的な仮定的条件形式が有する反事実条件用法も持っている。日本語訳では、「eoya」の微妙な意味合いを表すことができないが、論理的な意味は変わりがない。

(11) a. 공부를 했어야 알지.

gongbu-leul hae-ss-eoya al-ji.

(勉強-を する-［過去］-eoya 分かる-［主張］.)

(勉強をしていれば、分かったのに)

b. 신탁에 의하면 오구대왕과 길대부인의 혼인은 이년 후에 했어야 아들 세자를 볼 수 있었다.

sintag-e uiha-myeon ogudaewang-gwa gildaebuin-ui honin-eun inyeon hu-e hae-ss-eoya adeul seja-leul bol su iss-eoss-da.

(信託-に よる-［条件］オグ大王-と キルテ婦人-の 婚約-は 2 年 後-に する-［過去］-eoya 息子 世子-を 見る-［可能］-［過去］-［叙述］.)

(信託によると、オグ大王とキルテ婦人の婚約は、(実際行った時期よりも) 2 年後にしていれば、息子の世子が得られた)

c. 내가 일찍 죽었어야 저 꼴 안 보는 건데.

nae-ga iljjig jug-eoss-eoya jeo kkol an bo-neun geonde.

(私-が 早く 死ぬ-［過去］-eoya あの ざま［否定］見る-［連体］こと (-［指定］)-［婉曲］.)

(私が早く死んでいれば、あのざまを見ないで済んだのに)

「バ」「ナラ」「タラ」などの仮定的条件形式も反事実条件を表す。

(12) a. もし、こんなことをちょっと知っていれば、慌てなくてもよかったのに。

b. 学校や図書館がなかったなら、ぼくはゼロだったでしょう。

c. ガンバ大阪が勝っていたら、J2 に降格することはなか

ったであろう。　　　　　　　　　　　　（有田 2013）

　「eoya」が表す反事実条件は、「myeon」のそれと類似している。(13) は、(12) の「バ」「ナラ」「タラ」による反事実条件に近いと言える。

(13) a. 그때 또 그렇게 <u>했으면</u> 일이 이렇게 나빠지지 않았을 것입니다.
geuttae tto geuleohge <u>hae-ss-eumyeon</u> il-i ileohge nappaji-ji anh-ass-eul geosi-bnida.
（そのとき　また そのように する-［過去］-myeon こと-が このように 悪くなる-［否定］-［過去］-［推量］-［叙述］.）
（そのときそうしていれば、こんなに悪くならなかったでしょう）

b. 차라리 대학을 <u>안 갔으면</u> 그런 소리도 안 들었을 건데.
chalali daehag-eul <u>an ga-ss-eumyeon</u> geuleo-n soli-do an deul-eoss-eul geo-nde.
（いっそ 大学-を［否定］行く-［過去］-myeon そうだ-［連体］こと-も［否定］聞く-［過去］-［推量］-［婉曲］.）
（いっそ大学に行っていなければ、そんなことも言われなかったのに）

c. 진작에 내 말을 <u>들었으면</u> 이 고생 안 하잖아.
jinjage nae mal-eul <u>deul-eoss-eumyeon</u> i gosaeng an ha-janh-a.
（とっくに 私の 言葉-を 聞く-［過去］-myeon この 苦労［否定］する-［否定］-［汎用］.）
（最初から私の言うことを聞いていれば、こんな苦労はしなくて済んだはず）

　反事実条件の「eoya」には、「〜すべきだった」「〜ばよかった」のように、「hada」（する）や「doeda」（なる）動詞が後件に来て、文末表現として固定化した「었어야 하다／했다 eosseoya hada／haessda」がある。このときは、「eoya」の前件は過去形になる。

(14) a. 그쯤에서 나는 전화를 <u>끊었어야 옳았다</u>.

geujjeum-eseo na-neun jeonhwa-leul kkeunh-eoss-eoya olh-ass-da.

(その辺-で 私-は 電話-を 切る-［過去］-eoya 正しい-［過去］-［叙述］.)

(その辺で、私は電話を切るべきだった)

b. 나는 좀 더 일찍 공부에 성실했어야 했다.

na-neun jom deo iljjig gongbu-e seongsilhae-ss-eoya hae-ss-da.

(私-は ちょっと もっと 早く 勉強に 誠実だ-［過去］-eoya する-［過去］-［叙述］.)

(私は、もうちょっと早くから勉強に集中すべきだった)

c. 작가는 그 두 사람이 공유하는 어떤 상황을 확실하게 제시했어야 한다.

jagga-neun geu du salam-i gongyuha-neun eotteon sanghwang-eul hwagsilha-ge jesihae-ss-eoya ha-nda.

(作家-は その2人-が 共有する-［連体］ある 状況-を 確実だ-［副詞］提示する-［過去］-eoya する-［叙述］.)

(作家は、2人が共有する特定の状況を確実に提示するべきだった)

　文末の「hada」は現在形や過去形のどちらも用いられる。興味深いことに、反事実条件の「eoya」は「olhda」（正しい）などの動詞はとるものの「doeda」はとらず、一般的に「hada」のみが後接するということである。「었어야 됬다 eosseoya doessda」などと言うと、「어야 했다 / 됬다 eoya haessda/doessda」と同じく過去における当為を表し（「had to」）、反事実過去ではなくなる。これと関連し、(11) の「eoya」の反事実条件は日本語に直訳できないが、(14) は一見「～すべきであった」のような表現と対応するようにも思える。ところが、「～すべきであった」は、「었어야 됬다 eosseoya doessda」または「어야 했다 / 됬다 eoya haessda/doessda」に近い表現で、必ずしも反事実条件を表さない。有田（2007: 24

も、「日本語の「〜すべきであった」は、実際にした場合も反事実の用法もあるので、英語のshould have doneとは異なる。」と述べている。「있어야 하다/했다 eosseoya hada/haessda」または「should have done」のように、それ自体で反事実過去を表す日本語表現には「〜ばよかった」があると思われ、依然と「バ」系の形式が用いられる。ただし、「〜ばよかった」の韓国語の対応表現である「할걸 (그랬다) halgeol (geulaessda)」は、発話時現在における強い後悔の感情をあらわに示すもので、「있어야 하다/했다 eosseoya hada/haessda」の方がよりニュートラルな反事実過去の文末形式と言える。

さて、「eoya」の反事実条件用法は、「myeon」「バ」「タラ」「ナラ」など典型的な仮定的条件形式が持つ用法の広がりと通ずるもので、普遍的な現象と見ることができる。一般的な仮定的条件形式と異なるのは、やはり必須性であろう。(11) の日本語表現は、「勉強をしていれば、分かったのに」「早く死んでいれば、あのざまを見ないで済んだのに」のように、「バ」「ナラ」「タラ」など形式を用いることになってしまうが、これらに直接対応する「있으면 eosseumyeon」文 ((13) 参照) は、単純に、事実に反する前件が成立したと仮定し、それを前提として後件を述べる用法である。それに対し、「있어야 eosseoya」の反事実条件では、前件が含意している事実（現実に起きている事態）に対する話し手の強い残心や後悔、事実に対する反感など、「それをするべきだったのにできなかった」ことに対する感情がより明示されていると言える。実際、「eoya」の反事実条件 ((11)) は、皮肉、後悔、愚痴、恨みなどの文脈で用いられやすいのに対し、「myeon」の反事実条件 ((13)) は、感情を外して客観的に述べるか、現実に起きている事態を必ずしも悪く思っていない場合、慰めなどの文脈で用いられていることが分かる。「eoya」のこのような意味合いは、前節まで見た必須性に他ならない。反事実条件における「있어야 eosseoya」の必須性は、話し手の感情・気持ちをより強調する道具になっているのである。

3.3 当為を表す文末表現

　反事実条件の場合と同じように、「eoya」は「doeda」(なる)、「hada」(する) などと固定化し、慣用的な文末表現(「eoya doeda」、「eoya hada」) になることがある。これらは、日本語の「なければならない」「ないといけない」に当たる表現で、当為を表す単文扱いをされることが多い*10。

(15)　a.　출세하려면 공부를 열심히 해야 된다.
　　　　　chulseha-lyeo-myeon gongbu-leul yeolsimhi ha-eya doe-nda.
　　　　　(出世する-[意志]-myeon 勉強-を 熱心に する-eoya なる-[叙述].)
　　　　　(出世するためには、一生懸命勉強しなければならない)

　　　b.　또한 술은 반드시 천천히, 안주와 함께 먹어야 한다.
　　　　　ttohan sul-eun bandeusi cheoncheonhi, anju-wa hamkke meog-eoya ha-nda.
　　　　　(また 酒-は かならず ゆっくり、おつまみ-と 一緒に 飲む-eoya する-[叙述].)
　　　　　(また、酒は必ずゆっくり、おつまみと一緒に飲むべきである)

　　　c.　인제부턴 나를 선생이라 생각 말고 엄마로 생각해야 돼.
　　　　　inje-buteon na-leul seonsaeng-ila saenggag mal-go eomma-lo saenggaghae-ya dwa-e.
　　　　　(今-から 私-を 先生-と 考え やめる-[並列] ママ-と 思う-eoya なる-[汎用].)
　　　　　(今から、私のことを先生だと思わないで、ママだと思うのよ)

　これらの文末表現は、基本的に 3.1 の構文と同じ意味構造を持つものと見ることができる。ソ・ジョンス (2005) は、当為を表す文末表現は「eoya」条件文の特殊な場合であるとしている。この「eoya」の用法と「-지 않으면 안 되다 -ji anheumyeon an doeda」(～なければならない) との関係は 3.1 の指摘通りである。(15) は、

否定的意味を強調する（16）の表現より柔らかい当為表現として用いられる。

(16) 그러니 서구 사회라는 것은 굉장히 이질적인 사람들의 집합체기 때문에 그렇게 살지 않으면 안 되는 겁니다.
geuleoni seogu sahoe-laneun geos-eun goengjanghi ijiljeogi-n salam-deul-ui jibhabcheg-i ttaemune geuleohge salji anh-eumyeon an doe-neun geobnida.
(だから 西欧 社会-というもの-は とても 異質的だ-［連体］ 人-［複数］-の 集合体-が故に そう 生きる-［否定］-myeon［否定］なる-［連体］の-（［指定］）-［叙述］.)
(だから、西欧社会というのは、異質的な人たちの集合体なので、そのように生きなければならないのです)

(17) 나의 아내는 날 사랑하지 않으면 안 돼.
na-ui anae-neun na-l salanghaji anh-eumyeon an dwa-e.
(僕-の 妻-は 僕-を 愛する-［否定］-myeon［否定］なる-［汎用］.)
(僕の妻は僕を愛さなければならない)

　慣用化した文末表現における一つの論点に、「doeda」と「hada」のどちらが本来の形かという問題がある。ソ・ジョンス（2005）は、「-지 않으면 안 되다 -ji anheumyeon an doeda」（〜なければならない）の表現に「hada」を用いることが不可能な現象などを取り上げ、「eoya doeda」が本来の形で、「hada」は「doeda」に代わる代動詞であると述べている。実際、条件表現が文末表現化したもので「hada」が可能なのは「eoya」しかない（「myeon doeda」（〜ばいい）、「eodo doeda」（〜てもいい）、「eoya doeda/hada」）。なお、文末には、「doeda」「hada」以外にも、「좋다johda」（よい）、「옳다olhda」（正しい）などの述語が来ることもあり、どこまでを固定化した文末表現と見るかという問題が残る。

　当為の文末表現を表す「eoya」も基本的に、必須性に基づいていると言える。条件形式が特定の動詞と結合し、文末表現となるのは韓国語だけの現象ではなく、元の条件の意味は受け継がれているものと見ることができる。

3.4　終結語尾化した表現

　当為の文末表現とはやや異なる現象で、「eoya」は、語尾の「gess」「ji」などと結合し複合語尾(「-eoyagess-」「-eoyaji」)のように働くことがある。語尾の「gess」「ji」が助詞の「ya」に直接つくことはできないことから、「-eoyagess-」「-eoyaji」は「-eoya hagess-」「-eoya haji」(←「eoya hada」)の縮約形であることは従来の指摘通りである。当為の文末表現の拡張と見ることもできる。ところが、「-eoyagess-」「-eoyaji」を「-eoya hagess-」「-eoya haji」に置き換えることはできないことから、すでに慣用化(文法化)しているものと考えられる*11。

(18) a.　나도 갈 길을 가야겠다.
　　　　 na-do gal gil-eul ga-yagess-da.
　　　　 (私-も 行く 道-を 行く-eoyagess-［叙述］.)
　　　　 (私も自分の進むべき道を進もう)

　　 b.　넌 다시 한번 이사를 해야겠어.
　　　　 neo-n dasi hanbeon isa-leul hae-yagess-eo.
　　　　 (あなた-は もう 一度 引っ越し-を する-eoyagess-［汎用］.)
　　　　 (あなたはもう一回引越しをするべきだわ)

　　 c.　아마 한 삼십 분은 더 있어야겠지.
　　　　 ama han samsib bun-eun deo iss-eoyagess-ji.
　　　　 (たぶん 大体 30分-は さらに いる-eoyagess-［主張］.)
　　　　 (たぶんあと30分位はいないと(いけないと思う))

(19) a.　내가 조금 양보 해야죠, 뭐.
　　　　 nae-ga jogeum yangbo hae-yajyo, mwo.
　　　　 (私-が 少し 譲歩する-eoyajiyo, 何)
　　　　 (私が少し譲らなきゃいけませんね)

　　 b.　기왕이면 살아생전 호사나 하고 가야지.
　　　　 giwangimyeon salasaengjeon hosa-na ha-go ga-yaji.
　　　　 (どうせなら 生きている 間に 好事-でも する-［継起］いく-eoyaji)
　　　　 (どうせなら生きている間に贅沢しなきゃ)

c.　여기 몇 시까지 하는지 물어봐야지.
　　　　yeogi myeoch si-kkaji ha-neunji muleobw-ayaji.
　　　　（ここ 何時-まで する-［疑問］聞く-eoyaji）
　　　　（ここ何時まで開いているか聞いてみよう）

　以上の「-eoyagess-」「-eoyaji」の例は、日本語では「〜なければ（なきゃ）」「〜なくては（なくちゃ）」「〜ないと」など条件表現の縮約形が対応するが、その形の形成過程は異なる。「-eoyaji」（←「-eoya haji」）は、主節の述部を含む形で固まっているが、日本語の場合、主節がとれた条件節のみで固まっている。これは、「eoya」を持っていない日本語で、「否定＋バ類」を一つの形式として文法化させた結果であろう。

（20）a.　ぼく、もう行かなきゃ。
　　　b.　夕食はちゃんととらなくちゃ。
　　　c.　このことも警察に言わないと。

　実際、「myeon」は、否定表現と結合して終結語尾化することもなく、日本語のように、提案などの遂行的モダリティの意味を有することもない。

（21）a.　そろそろ年頃だしめがねはキツいっしょ。コンタクトにすれば？
　　　b.　今度、旦那さんの機嫌のいい時に遠回しに言ってみたら？

　（20）の日本語の例は、「eoya」の終結語尾化用法に対応し、（21）は、「eoay」「myeon」など条件形式が入らない文末表現になる（動詞＋「ji」になることが多い）。

　「eoya」そのものは、「myeon」よりもさらに独立性が低い。「-eoyagess-」「-eoyaji」の形にしないと、それ自体で文が終わることはできない。

（22）a.　오늘 저녁 파티 갈 거야？　　　　　　　　　　（作例）
　　　　oneul jeonyeog pati ga-l geoy-a?
　　　　（今日 夕方 パーティ 行く-［意志］-［汎用］?）
　　　　（今夜のパーティ行く？）
　　　b.　일이 {없으면/* 없어야}. cf. 없어야지.

>　　　　　il-i {eobs-eumyeon/*eobs-eoya}. cf. eobs-eoyaji.
>　　　　　(仕事-が {ない-myeon/* ない-eoya})
>　　　　　(何もなければ)

一方、「-eoyaji」の用法の中には、日本語の「～なければ（なきゃ）」「～しないと」類の表現にならないものがある。

> (23) a.　말이 되는 소릴 해야지.
>　　　　　mali doe-neun soli-l hae-yaji.
>　　　　　(言葉-が なる-[連体] 言葉-を 言う-eoyaji)
>　　　　　(話にならないことを言うんだから)
>
>　　　b.　애가 잠을 자야지.
>　　　　　ae-ga jam-eul ja-yaji.
>　　　　　(子供-が 睡眠-を 寝る-eoyaji)
>　　　　　(こどもが寝てくれないもの)
>
>　　　c.　어디에 있는지 알 수가 있어야지.
>　　　　　eodi-e iss-neunji a-l su-ga iss-eoyaji.
>　　　　　(どこ-に いる-[疑問] 知る-[連体] すべ-が ある-eoyaji)
>　　　　　(どこにいるか全然分からない)

(18)～(19)は必須性の意味が受け継がれているもので、主体によって「念押し」（話し手主体）、「勧め」（聞き手主体）などを表す用法であるが、(23)は一歩進み、レトリックに使用されていると言える。即ち、「-eoyaji」で受けている内容に反する、「話にならないことを言う」「子供が寝ない」「どこにいるか分からない」を述べようとしているのである。これは「-eoyaji」の語用論的用法の広がりと見ることができるが、必須性を失っているとは言いがたい。というのは、(23)は、例えば、次のような必須条件の「eoya」文が根底にあると考えられ、(23')は3.1で見た典型的な「eoya」の必須条件なのである。

> (23')a.　말이 되는 소릴 해야 참고 들어주지.
>　　　　　mali doeneun soli-l hae-ya chamgo deuleoju-ji.
>　　　　　(言葉-が なる-[連体] 言葉-を 言う-eoya 我慢する-[並列] 聞く-[連用] あげる-[主張].)

(ちゃんとしたことを言えば、我慢して聞いてあげるんだけど（そうではない））

b. 애가 잠을 자<u>야</u> 일을 하지.
ne-ga jam-eul ja-<u>aya</u> il-eul ha-ji.
（子供-が 睡眠-を 寝る-eoya 仕事-を する-［主張］.）
（子供が寝てくれれば、仕事ができるのに（そうではない））

c. 어디에 있는지 알 수가 있<u>어야</u> 만나서 이야기라도 하지.
eodi-e iss-neunji al suga iss-<u>eoya</u> mannaseo iyagi-lado ha-ji.
（どこ-に いる-［疑問］知る-［連体］すべ-が ある-eoya 会って 話-でも する-［主張］.）
（どこにいるか分かれば、会って話でもするのに（そうではない））

3.5　譲歩条件

「eoya」の最も特徴的な用法は、譲歩条件（逆接条件・逆条件）を表す用法であろう。譲歩条件を表す「eoya」は、先行研究に現象の指摘はあるものの、順接条件の「eoya」に比べてあまり詳しく論じられていない。しかし、順接条件と譲歩条件の形式が同形であるということは、興味深い現象であると言える。以下は、譲歩条件を表すの「eoya」の例である[12]。

(24) a. 네가 아무리 울<u>어야</u>, 소용없단다.　　（クォン・ジェイル 2012）
ne-ga amuli ul-<u>eoya</u>, soyongeobs-danda.
（あなた-が いくら 泣く-eoya, 仕方ない-［客観］.）
（あなたは、いくら泣いても無駄だ）

b. 열심히 공부해 봐<u>야</u> 아무런 소용이 없다.
yeolsimhi gongbuha-e bw-<u>aya</u> amuleon soyong-i eobs-da.
（熱心に 勉強する-［連用］みる-eoya なんら 所用-がない-［叙述］.）
（一生懸命勉強しても無駄だ）

c. 네 아비가 이미 실토를 다 하였다. 너는 버티어 봐야 별 수 없다.
ne abi-ga imi silto-leul da hayeossda. neo-neun beoti-eo bw-aya byeol su eobs-da.
(お前の 父-が すでに 白状-を 全部 した. お前-は 突っ張る-［連用］みる-eoya 特別な 方法 ない-［叙述］.)
(お前の父が全部白状した。お前は突っ張っても無駄だ)

(24)の例は、代表的な譲歩条件形式である「eodo」(ても)に置き換えることができ((24'))、また、誘導推論の含意もない((24"))ことから、典型的な譲歩条件文であると言える。

(24') a. 네가 아무리 울어도, 소용없단다.
ne-ga amuli ul-eodo, soyongeobs-danda.
(あなた-が いくら 泣く-eodo, 仕方ない-［客観］.)
(あなたは、いくら泣いても無駄だ)

b. 열심히 공부해 봐도 아무런 소용이 없다.
yeolsimhi gongbuhae bw-ado amuleon soyong-i eobs-da.
(熱心に 勉強する［みる］-eodo なんら 所用-が ない-［叙述］.)
(一生懸命勉強しても無駄だ)

c. 너는 버티어 봐도 별 수 없다.
neo-neun beoti-eo bw-ado byeol su eobs-da.
(あなた-は 突っ張る-［連用］みる-eodo 特別な 方法 ない-［叙述］.)
(あなたは、突っ張ってもしょうがない)

(24") a. *네가 안 울면, 소용있단다.
* nega an ul-myeon, soyong-iss-danda.
(*あなたが［否定］泣く-myeon 仕方-ある-［客観］.)
(あなたは、泣かなければ、何とかなる)

b. *열심히 공부 안 하면 어떤 소용이 있다.
* yeolsimhi gongbu an ha-myeon eotteon soyong-i iss-da.

　　　　(* 熱心に 勉強 [否定] する -myeon 何か 所用- が ある-
　　　　[叙述].)
　　　　(一生懸命勉強しなければ、何とかなる)
　　c. *너는 안 버티면 별 수 있다.
　　　　*neo-neun an beoti-myeon byeol su iss-da.
　　　　(* あなた- は [否定] 突っ張る -myeon 特別な 方法 ある
　　　　- [叙述].)
　　　　(突っ張らなければ、大丈夫だ)
　一般に、英語では「if」-「even if」のように、順接の仮定的条件形式が譲歩条件にも表れることが知られているが、日本語の仮定的条件形式や韓国語の「myeon」が譲歩条件に現れることはない。李廷玟（1980: 826）も「韓国語では条件標識と譲歩標識が表面構造に一緒に現れない。この点は、英語の'even if'と対照的であり、また、'(eu)myeon'だけで譲歩まで表すことはない」と指摘している通りである。しかし、「eoya」は形を変えることなく、譲歩条件にも用いられるのである。
　「eoya」のこのような二つの用法は単なる語用論的解釈の違いであると考える立場もあるが*13、本章では（1）「아무리 amuli」（いくら）などが譲歩の意味を表す副詞と共起する、（2）（24）が（24'）に置き換えられ（24''）の含意が生じない、（3）順接仮定的条件の「eoya」には大きな意味の変化なしで助詞「man」（だけ）がつくことができるが、譲歩条件の「eoya」には「man」がつかない、などの事実から、「eoya」の譲歩条件用法を認める。分析的立場では、「eoya」の必須性や譲歩条件的意味をもっぱら「ya」の意味記述から求めることがある*14。「ya」が「eoya」の意味に貢献していることは否めないが、ここでは、「eoya」の意味がどこから来ているかという観点は置いておいて、譲歩条件を表す典型的な形式「eodo」（ても）との違いを簡単に紹介しておくことにする。
　譲歩条件の「eoya」は、「eodo」に置き換えできるものとできないものがある。（24）のような「eoya」文は「eodo」に置き換えることができるが、次のように、後件に意志や働きかけなど遂行的なモダリティが来る場合、「eoya」文にすることができないとされる。

(25) a. (평창 올림픽) 비가 와도 보러 갈 거야.
(pyeongchang ollimpig-eul) bi-ga wa-ado boleo ga-l geoy-a.
((平昌オリンピック) 雨-が 降る-eodo 見に行く-[意志]-[汎用].)
(雨が降っても、見に行く)

b. *비가 {와야/와 봐야} 보러 갈 거야.
*bi-ga {wa-aya/wa bw-aya} boleo ga-l geoy-a.
(*雨-が {降る-eoya/降る-[連用] みる-eoya} 行く-[意志]-[汎用].)

(26) a. 자동차 사고 나도 당황하지 마세요.
jadongcha sago na-ado danghwangha-ji ma-se-yo.
(自動車 事故 出る-eodo 慌てる-[禁止]-[尊敬]-[丁寧].)
(車事故に遭っても、慌てないでください)

b. *자동차 사고 {나야/나 봐야} 당황하지 마세요.
*jadongcha sago {na-aya/na bwa-aya} danghwangha-ji ma-se-yo.
(*自動車 事故 {出る-eoya/出る-[連用] みる-eoya} 慌てる-[禁止]-[尊敬]-[丁寧])

もし (25)～(26) の前件を「eoya」で受けるなら、「비가 와 봐야 스콜성이라 금방 그친다. bi-ga wa bwa-aya seukolseong-ila geumbang geuchi-nda. (雨-が 降る-[連用] みる-eoya スコール性-なのですぐ止む-[叙述].) (雨が降っても、スコール性なのですぐ止む)」、「사고 나 봐야 얼마나 크게 나겠어? sago na bwa-aya eolmana keu-ge na-gess-eo? (事故 出る-[連用] みる-eoya どれだけ 大きい-[副詞] 起きる-[推量]-[汎用]?) (事故が起きても、軽い事故で済むだろう)」のような後件が来るのが自然である。このことは、単に、「eoya」の後件に遂行的なモダリティが来ないだけでなく、後件との結びつきが「eodo」のそれとは異なることを示すものである。

また、予測性や一般性の高い条件の逆接条件や、疑問詞が入る場

合、反復的譲歩条件の場合も、「eoya」になりにくいとされる。

(27) a. 봄이 와도 꽃이 피지 않는다.
　　　　 bom-i wa-ado kkoch-i pi-ji anh-neunda.
　　　　 (春-が 来る-eodo 花-が 咲く-［否定］-［叙述］.)
　　　　 (春が来ても、花が咲かない)

　　 b. *봄이 {와야/와 봐야} 꽃이 피지 않는다.
　　　　 *bomi {waya/wa bwaya} kkoch-i pi-ji anh-neunda.
　　　　 (*春-が {来る-eoya/来る-［連用］みる-eoya} 花-が 咲く-［否定］-［叙述］.)
　　　　 (春が来ても、花が咲かない)

(28) a. 누가 와도 나보다는 더 낫게 일을 하겠지.
　　　　 nu-ga wa-ado na-boda-neun deo nasge il-eul ha-gess-ji.
　　　　 (誰-が 来る-eodo 私-より-は もっと よく 仕事-を する-［推量］-［主張］.)
　　　　 (誰が来ても、私よりは仕事ができるだろう)

　　 b. *누가 {와야/와 봐야} 나보다는 더 낫게 일을 하겠지.
　　　　 *nu-ga {wa-aya/wa bwa-aya} na-boda-neun deo nasge il-eul ha-gess-ji.
　　　　 (誰-が {来る-eoya/来る-［連用］みる-eoya} 私-より-は もっと よく 仕事-を する-［推量］-［主張］.)
　　　　 (誰が来ても、私よりは仕事ができるだろう)

(29) a. 걸어도 걸어도 끝이 없다.
　　　　 geol-eodo geol-eodo kkeut-i eobs-da.
　　　　 (歩く-eodo 歩く-eodo 終わり-が ない-［叙述］.)
　　　　 (歩いても歩いても終わりがない)

　　 b. *걸어야 걸어야 끝이 없다.
　　　　 *geol-eoya geol-eoya kkeut-i eobs-da.
　　　　 (*歩く-eoya 歩く-eoya 終わり-が ない-［叙述］.)

他方、次のように、主節に修辞疑問文が来たり、複文の意味構造が実際譲歩構造ではなかったりする場合には、「eodo」に置き換えできず「myeon」に近づいてくることがある。

(30) a. 저 나이에 저 몸으로 달아나 봐야 어디겠수?
jeo nai-e jeo mom-eulo dalana bwa-aya eodi-gess-su?
(あの 年齢-で あの 体-で 逃げる-［連用］みる-eoya どこ（-［指定］）-［推量］-［疑問］?)
(あの年であの体で逃げても、どこにも逃げられないだろう)

b. 그런 걸 수입해다 진열시켜 봐야 누가 사 간단 말입니까?
geuleo-n geol suibha-eda jinyeolsikyeo bwa-aya nu-ga sa ga-nda-n mal-i-bnikka?
(そうだ-［連体］もの-を 輸入する-［継起］陳列する-［連用］みる-eoya 誰-が 買う（-［連用］）いく-［引用］-［連体］言葉-［指定］-［疑問］?)
(そんなものを輸入して陳列しても、誰も買わない)

c. 이미 깨진 그릇, 더 만져 봐야 뭘 합니까?
imi kkaeji-n geuleus, deo manjyeo bwa-aya mwo-l ha-bnikka?
(すでに 割れる-［連体］器, さらに 触る-［連用］みる-eoya 何-を する-［疑問］?)
(もう割れてしまった器を触ってもしょうがない)

d. 앗따, 돌아다녀 봐야 뭐 별 거 있겠소?
astta, doladanyeo bwa-aya mwo byeol geo iss-gess-so?
(まあ, 歩き回る-［連用］みる-eoya 何 特別な もの ある-［推量］-［疑問］?)
(まあ、歩き回っても歩き回っても何もないですよ)

(31) a. 일가붙이들 많아 봐야 무슨 날 모여들면 여자 고생하기 알맞을 뿐이다.
ilgabuti-deul manha bwa-aya museun nal moyeodeulmyeon yeoja gosaenghagi almaj-eul ppun-ida.
(家族-［複数］多い-［連用］みる-eoya 何かの 日 集まる-［条件］女 苦労する-［名詞化］ピッタリだ-［連体］だけ-［指定］-［叙述］.)
(家族が多くても、何かの日に集まると女性が苦労する

124

だけだ)

b. 아는 놈을 잡고 물어봐야지 모르는 놈 잡고 물어봐야 헛수고일 뿐이야.
aneun nom-eul jabgo muleobwayaji moleu-neun nom jab-go muleobwa-aya heossugoil ppuniya.
(知る-[連体] やつ-を 捕まえる-[付帯] 聞く-eoyaji 知らない-[連体] やつ 捕まえる-[付帯] 聞く-eoya 無駄骨だ-[連体] だけ-[指定]-[汎用].)
(知ってるやつを捕まえて聞かなきゃ、知らないやつを捕まえて聞いても無駄だ)

c. 집에 돌아가 봐야 얻어터지기나 할 테지.
jib-e dolaga bwa-ya eobeoteoji-gi-na ha-l te-ji.
(家-に 帰る-[連用] みる-eoya 殴られる-[名詞化]-でもする-[推量]-[主張].)
(家に帰っても殴られるだけだ)

d. 길게 얘기해 봐야 입만 아플 것 같았다.
gil-ge yaegihae bwa-ya ib-man apeu-l geos gat-ass-da.
(長い-[副詞] 話す-[連用] みる-eoya 口-だけ 痛い-[推量]-[過去]-[叙述].)
(長々と話しても口が痛いだけだと思った)

　特に、日本語の「テモ」が（31）のような例でも使えるのに対し、「eodo」は用いられず、「eoya」が適切であるという事実は興味深い。（25）〜（31）の例の観察から、「eoya」は「eodo」とは異なる方法で譲歩条件を表していることが分かる。「eodo」が広い譲歩条件用法に用いられるのに対し、譲歩条件の「eoya」は、統語的制約が多く、あまり生産的ではない。「eoya」は、その典型的な譲歩条件と見られる（30）〜（31）から分かるように、レトリックな表現であったり、統語意味論的に譲歩条件ではない文に用いられたり（「テモ」もそうであるが）と、かなり特殊な形式と言える。

　以上のような、譲歩条件の「eoya」は、「eodo」とは異なる独自の意味を表すものと言える。（30）〜（31）の用例は、前件の事態

に対する皮肉、断念、嘲笑などのモダリティ的な意味を表しており、「eoya」の前件が「boda」（みる）を伴いやすいのも、「（いくら）トライしても無駄」のような「eoya」の意味合いが言語化したものと考えられる。ただし、(31a)で見るように、「てみる」の言語的な意味合いは残っておらず、「eo bwaya」の形で文法化が進んでいるものと見られる。このような、「eoya」の意味は、順接条件における必須性の連続線上にあると言える*15。

4. 第6章のまとめ

　第6章では、韓国語の特徴的な条件形式である「eoya」の用法について概観した。「eoya」は順接の仮定的条件、反事実条件、当為表現、譲歩条件を表し、終結語尾化したものもあった。これらの条件表現は、韓国語ではすでに「myeon」や「eodo」などが用いられている用法だった。「eoya」は、「myeon」と「eodo」の条件における基本意味を受け継ぎながら、独自の意味である必須性を加えることで、固有の用法を発達させた条件形式なのである。このような「eoya」の固有領域は必須条件として位置づけられる。ところが、必須条件における必須性は、予測性、前提性、個別性のような事態間、又は、事態と世界の関係の把握にかかわる意味ではなく、話し手の心的態度、感情とかかわる点で、レベルの異なる意味特質と言える。

　本章では、「eoya」を取り上げることで、はじめて譲歩条件に言及した。日本語の譲歩条件形式に「テモ」があり、韓国語にも「eodo」（ても）がある。順接の仮定的条件と譲歩条件にまたがるという点でも「eoya」は特殊である。ここで、譲歩条件を入れた条件表現における「eoya」の位置づけを表に示しておく。

表12 「eoya」の位置づけ

	順接	逆接
仮定的	順接仮定的条件（狭義の条件文） バ　タラ　ナラ　ト myeon　eoya	逆接仮定的条件（譲歩条件文） テモ eodo　eoya
確定的	順接確定的条件（継起文、理由文） タラ　ト　カラ nikka　deoni　eossdeoni　ja	逆接確定的条件（譲歩文） テモ eodo　eoya

　総合的な観点から条件を見たとき、順接と逆接のどちらにも用いられるのは「eoya」だけである。「eoya」は、単なる条件的な意味ではなく、話し手の心的態度を表す必須性故に、順接から逆接へと拡張できたものと考えられる。ところが、「eoya」が順接条件にも、逆接条件にも用いられるということは、順接条件と逆接条件の間に語用論的連続性があるということとはやや異なる。少なくとも現代韓国語では、順接条件の「eoya」と逆接条件の「eoya」では、統語論的、構文的な違いが確かに存在する。ただ、次のような、構文の違いが目立たない文脈の重ねが、順接条件と譲歩条件の同形化を進めていったのかもしれない。

(32) 월 10 만엔씩 저금하면 5 년 모아야 600 만엔이다.
　　 wol 10manen-ssig jeogeumha-myeon 5nyeon mo-aya 600manen-i-da.
　　 （月 10 万円-ずつ 貯金する-myeon 5 年 集める-eoya 600 万円-［指定］-［叙述］.）

(33) a.　月 10 万ずつ貯金すれば、5 年間貯めないと 600 万円貯まらない。［順接条件］
　　 b.　月 10 万ずつ貯金すれば、5 年間貯めても 600 万円しかない。［譲歩条件］

（32）は（33）の二つ解釈が可能であるが、どちらを用いても、「月々の貯金額を増やす必要がある」という結論に導かれるわけである。

*1 「eoya」は、「aya/eoya/yeoya」の異形態を有するが、代表形式として「eoya」を用いる。用例における異形態そのものは、縮約や脱落によって異なる形をとり得る。

*2 譲歩条件は、逆接条件、逆条件などとも呼ばれる逆接の仮定的条件であるが、本書では最も伝統的で一般的な用語と思われる譲歩条件を用いることにする。なお、「eoya」そのものは、逆接の確定的条件(譲歩文)にも用いられる。

*3 (2) は『標準国語大辞典』(国立国語研究院)の見出し語「ya」(補助詞)の用例。辞書的意味は「強調の意を表す補助詞」とされている。

*4 「ya」は、子音終わりの名詞に付くときは異形態の「iya」になる。

*5 「誘導推論」とは、「P → Q」(「芝生を刈ったら10ドルあげる。」)という条件表現から「~P → ~Q」(「芝生を刈らなかったら10ドルあげない。」)という含意が推論されるというもので、Geis & Zwicky (1971) で提案され、以降の様々な議論に取り上げられている。特に日本語の条件表現に関する多くの議論で言及されている(坂原1985、有田2007、藤井2002など)。

*6 「eoya」と「myeon」の共通性については先行研究にも指摘がある。イ・サンテ (1977) は、「eoya」を「myeon」「geodeun」「deondeul」に対応するものに分けて考察している。

*7 ソ・ジョンス (2005)、ヨム・ジェイル (2013) のどちらでも「myeon」は十分条件とされる。

*8 イ・ゴンウォン (1983) は、「eoyaman」が「myeon」の強調の表現として使用され得ると主張しているが、これは「eoya」と「myeon」の共通性を認めるものと見ることができる。

*9 用例が長く、日本語の直訳でも表せるため、全体的な韓国語訳を示す。条件表現は「否定 + myeon + 否定」の形で、「~なければ、~ない」にそのまま対応する。

*10 チェ・ヒョンベ (1937) 以来、3.1の「eoya」文は複文、3.3の「eoya」文は単文という認識が定着しているが、イ・サンテ (1977: 428) は、二つの文は同一構造を持つとし、このような見方を否定している。ところが、意味的に同一構造を持つことを認めるとしても、一部の表現が固まって慣用化する現象を否定する必要はないように思われる。

*11 「-eoyagess-」だけ、「-eoya doegess-」に言い換えられる場合がある。これは語用論的な意味の類似性によるものと思われるが、だからといって、「-eoyagess-」が「-eoya doegess-」の縮約形であると見ることはできない。「hada」は、他の表現においても似たような脱落がよく見られるのに対し、「deoda」は他にそのような現象がないからである。

*12 「eoya」の前件は補助動詞形「eo boda」(てみる)を伴うことが多く、コーパス用例も大半がそのような例である。(31a) のような例で見るように、「boda」と「eoya」の結合した「eo bwaya」形は、「てみる」の意味を失い、「eoya」に代わる形式としてすでに文法化が進んでいるように思われる。本書でも、「eo bwaya」と「eoya」を同一形式と見なす。

*13 ヨム・ジェイル (2013) は、「eoya」の必須条件解釈と譲歩条件解釈は

文の外的要素（語用論的要素）から決まるもので、「eoya」そのものが二つの意味を有するわけではないとしている。しかし、このような考え方では、語用論の範囲が限りなく広がってしまうだろう。

*14　徐泰龍（1988: 128）は、「eoya」が譲歩条件を表すのは「補助詞'–ya'による選択が不可抗力によって必然的になってしまった話者の不満の現れ」としており、ペク・ナクチョン（2003: 224）も、「'–eoya'が譲歩条件の意味を表せるのは、'–ya'の意味に因る」としている。これは、個々の形態素が本来の意味要素を残したまま統合していると見る分析的立場であるが、「eoya」を一つの形式として認める立場でも、その多様な意味が「ya」から来ていることは容易に想像できる。ところが、「eoya」は、一つの複合形式として固有の領域を形成しており、その用法を体系的にまとめることが大切であると考えられる。

*15　第7章では、譲歩条件における「eoya」のこのような意味を、「逆説性」と関連付けて考察する。

第7章
譲歩条件の「逆説性」について

　図1で提示した条件の全体像では、順接の仮定的条件と確定的条件のみを示しているが、順接の仮定的条件と譲歩条件（逆接条件、逆条件）は論理的にコインの両面のような関係にあり、両方の条件を見ることでその言語の特徴がより理解できると考えられる。本章では、譲歩条件の意味特質の中でも「逆説性」に注目し、日本語と韓国語の譲歩条件形式における逆説性の特徴を明らかにする。前章で取り上げた「eoya」、及び、日韓の主要譲歩条件形式である「テモ」と「eodo*1」（ても）を取り上げ、対照的に分析する。

1. 譲歩条件のカテゴリー化をめぐって

1.1　条件表現の分類と譲歩条件

　日本語においては、本書における条件表現（主題を除く）を「条件表現」（広義の条件表現）、又は、「論理文」と呼び、その分類を行う研究が盛んであった。その条件表現における分類は、①指示される事態、また、その事態についての話者の認識態度が仮定的であるか確定的であるか、②前件の後件とで表される二つの事態の論理関係が順接か逆接かといった二つの指標により、4種類に分類されるのが一般的であるが（藤井2002）、前章では表12でこの分類を示した。本書では、韓国語においてもこのような考え方が適用できると見て、論を進めてきた。ここでは、表12（＝表13）を再掲し、譲歩条件の位置づけを確認する。

131

表13　日韓条件表現の分類

	順接	逆接
仮定的	順接仮定的条件（狭義の条件文） バ　タラ　ナラ　ト myeon　eoya	逆接仮定的条件（譲歩条件文） テモ eodo　eoya
確定的	順接確定的条件（継起文、理由文） タラ　ト　カラ nikka　deoni　eossdeoni　ja	逆接確定的条件（譲歩文） テモ eodo　eoya

　ところで、この譲歩条件においては、狭義の条件文、理由文、譲歩文との論理的関係や意味に基づく区別、又は、カテゴリー化をめぐって様々な議論が通言語的に行われている。König（1986）は、英語の条件文と譲歩的条件文、譲歩文の区別基準を提案しており、特に、藤井（2002）では、「even if」と「テモ」を対照分析しながら、通言語的な譲歩条件のカテゴリー化を試みている。このような観点は、日韓対照研究を通して通言語的な条件カテゴリーの特徴を明らかにしようとする本書の趣旨と相通ずるところがあり、本章の議論に大いに参考となる。ここでは、藤井（2002）の枠組みを紹介しながら、「テモ」「eodo」「eoya」が表す譲歩条件の意味を対照的に考察したいと思う。最初に、「テモ」と「eodo」の例を見ておこう。以下のような例において、「テモ」と「eodo」は類似している（日本語の用例は藤井2002より）。

（1）　明日雨が降っても井の頭公園にお花見に行きます。
（2）　盆と正月がいっしょにきてもこの店を閉めるわけにはいかない。
（3）　春になっても心は晴れないだろう。
（4）　うちのボスは腹がすわっているから何があっても動じない。
（5）　비가 와도 공연은 예정대로 진행된다.
　　　bi-ga wa-ado gongyeon-eun yejeongdaelo jinhaeng-doe-nda.
　　　（雨-が 降る-eodo 公演-は 予定通り 進行-なる-［叙述］.）
　　　（雨が降っても、公演は予定通り行われる）
（6）　하늘이 무너져도 솟아날 구멍이 있다.
　　　haneul-i muneojy-eodo sosana-l gumeong-i iss-da.

(空-が 崩れる-eodo 湧き出る-［連体］穴-が ある-［叙述］.)

(天地がひっくり返っても、生き残る方法がある〈諺〉)

(7) 여름이 와도 그 부두는 그렇게 얼어붙어 있을 것이다.
yeoleum-i wa-ado geu budu-neun geuleoh-ge eoleobuteo iss-eul geosi-da.
(夏-が 来る-eodo その 埠頭-は そうだ-［副詞］凍りつく-［連用］いる-［推量］-［叙述］.)
(夏になっても、その埠頭はそのまま凍りついているだろう)

(8) 어떤 일이 있어도 교육은 결코 포기할 수 없다.
eotteo-n il-i iss-eodo gyoyug-eun gyeolko pogiha-l su eobs-da.
(どうだ-［連体］こと-が ある-eodo 教育-は 絶対 放棄する-［不可能］-［叙述］.)
(どんなことがあっても、教育は絶対諦められない)

1.2 譲歩条件の意味特質

藤井（2002）では、「even if構文」と「テモ構文」の意味的特質として次の3点を提示している。「even if」と「テモ」が、英語と日本語の主要な譲歩条件形式である点で、これらは譲歩条件の一般的な意味特質と言える。

表14 「even if構文」と「テモ構文」の意味的特質（藤井2002: 257）

Property A: Reference to an end point of scalar entailment in an evoked scalar model（話者の想定するスケールモデルにおけるスケール含意の極点表示）発話の前提として話者が想定したスケールモデルにおいて、前件が、スケール含意の極点（最も帰結の事態を導きにくい条件、又はより帰結の事態を導きにくい条件）を指示する。即ち、話者が想定したスケールモデルにおける他のすべての条件は、発話の前件で明示された条件より、帰結の事態に導かれやすい。
Property B: Paradoxicality（逆説性）発話の前提として話者が想定した一般知識のモデルにおいて、帰結の事態が、前件の事態から予期されることに矛盾している（しばしば「期待」にも反する）。

> Property C: Unconditionality（非条件性）
> 発話の前提として話者が想定した一般知識のモデルにおいて、帰結の事態が前件の事態にかかわらず（前件の事態の肯・否定にかかわらず）非条件的に成立する。

　本章では、Property B の逆説性に注目する。日本語と韓国語の譲歩条件では、逆説性が譲歩条件の最も中核的な意味を成すと同時に、両言語の違いを最もよく表していると考えられるからである。ここで、これらの意味特質について簡略に述べておこう。Property A は、「彼が天才でもこれはできない」のような文において、前件の事態から（彼は）「バカ」〜「凡人」〜「天才」からなるスケールを想定したときに最も上位にある「天才」を提示することで、天才よりスケールの下にあるすべての対象に対して「これができない」という事態が当てはまることを示す意味特質である。1.1で挙げた用例からすると、（2）や（6）はこのような意味特質をよく表していると言え、「テモ」にも「eodo」にもこの意味特質が存在することが分かる。Property B の逆説性は、例えば、「彼が天才でもこれはできない」という譲歩条件では、「天才ならこれができる」という一般知識が想定され、「これはできない」という帰結がそれに反しているという意味特質である。1.1の用例はすべてある程度の（または、ある種の）逆説性を有すると言える。Property C の非条件性は、（4）や（8）のように不定表現を伴った場合や、「運命なんてあってもなくても同じだ」「화장 하나 안 하나 똑같네 hwajang ha-na an ha-na ttoggat-ne（化粧 する-na［否定］する-na 同じだ-［気づき］）（化粧してもしなくても同じね）」のような選択的譲歩条件（alternative concessive conditionals）の場合に、前件の事態と関係なく後件の事態が成立することを示すような意味特質である。この意味特質においては、「テモ」と「eodo」でややズレが見られる。（8）で見るように、不定表現を伴った表現の場合は「eodo」も可能であるが、「pても〜pても q」のような表現では「eodo」は制約があり、「-na -na」あるいは「-deun (ji) -deun (ji)」など別の表現でが用いられやすい。

　藤井（2002）は、英語では、仮定的か確定的かによる形式の分

化があるが、日本語にはそれがないこと、また、日本語では逆説性・非条件性の文法化の程度が著しいことを指摘した上で、「even if 構文」の意味構造ではスケール性（極点表示）が、「テモ構文」は逆説性及び非条件性が中枢意義を形成していると論じている。このような考察は、韓国語の「eodo」と英語の「even if」を比べた場合にも概ね当てはまり、非条件性におけるズレを除けば、「テモ」と「eodo」は共通点が多いと言える。ところが、「テモ」と「eodo」の逆説性は、必ずしも対応しない。また、多様な用法を有する「テモ」の逆説性も必ずしも同質のものではなく、逆説性そのものに対する精密な分析が必要であると言える。本章では、「テモ」「eodo」「eoya」の交差を観察することで、逆説性に多様なあり方があるということを示し、それぞれの形式における逆説性について分析する。

2. 譲歩条件の逆説性と「eoya」

2.1 「テモ」と「eodo」の逆説性

藤井（2002）では、次のような「テモ」文が英語では「even if」ではなく「if」文になることから、「テモ」の逆説性は「事態間の依存関係」を否定するというより、「聞き手の期待」そのものを否定することから生じることを指摘している*2。以下は、(1) ～ (8) と区別される独特な「テモ」の例とされるが、「eodo」も「テモ」と同じような用法を有する。

(9) ここで待っていてもバスは来ませんよ。あちらでお待ちにならないと。　　　　　　　　　　　　　　（藤井 2002）

(9') 여기서 기다려도 버스 안 와요. 저쪽에서 기다려야지.
yeogi-seo gidaly-eodo beoseu an wa-yo. jeojjog-eseo gidaly-eoyaji.
（ここ-で 待つ-eodo バス［否定］来る-［丁寧］. あちら-で 待つ-eoyaji）
（ここで待っていても、バス来ませんよ。あちらで待たないと）

(10) こんなことを勉強しても試験には出ないよ。　　　　　　（同上）
(10') 이런 거 공부해도 시험에 안 나와.
　　　ileon geo gongbuhae-eodo siheom-e an naw-a.
　　　（こんなこと 勉強する-eodo 試験-に［否定］出る-［汎用］.）
　　　（こんなこと勉強しても、試験に出ないよ）
(11) サンフランシスコに行ってもケーブルカーに乗らない方がいいですよ。　　　　　　　　　　　　　　　　　　（同上）
(11') 샌프란시스코에 가도 케이블카는 안 타는 게 좋아요.
　　　saenpeulansiseuko-e ga-ado keibeulka-neun an ta-neun g-e joh-ayo.
　　　（サンフランシスコ-に 行く-eodo ケーブルカー-は［否定］乗る-［連体］こと-が 良い-［丁寧］.）
　　　（サンフランシスコに行っても、ケーブルカーは乗らない方がいいですよ）

　仁田（2006: 37）による譲歩条件の定義（「条件節に描かれている要因となる事態の実現にも拘らず、それからの出現が期待・予想される方向とは逆方向の事態が生じる、という要因の無効・要因から無拘束を表す条件文」）からも分かるように、少なくとも日本語においては、「期待の否定」が、譲歩条件の逆説性の本質であると言える。ところが、英語で「even if」になる譲歩条件（(1)〜(8)）と、「if」になる譲歩条件（(9)〜(11)）とでは、期待の否定のプロセスが異なると考えられる。

　譲歩条件における聞き手の期待とは、話し手の一般知識などによって想定（前提）される順接条件である。以下で見るように、(1)〜(8)における聞き手の期待は、比較的予測性・一般性の高い条件に基づいていることが分かる。それに比べて、(9)〜(11)は、予測性・一般性が低く、その場における話し手の勝手な想定に基づいているという印象がある。このような特徴を、仮定的条件における予測性・一般性と区別するために、「想定的・非想定的」と呼んでみよう。各譲歩条件が想定する順接条件を示してみると次のようである。便宜のため日本語の例のみ示すが、韓国語の場合も同様で

ある。
(1')　明日雨が降っても井の頭公園にお花見に行きます。［想定的］
　　←雨が降ると、お花見に行かないものだ。
(2')　盆と正月がいっしょにきてもこの店を閉めるわけにはいかない。［想定的］
　　←盆と正月のような時期になると、お店を占めるものだ。
(3')　春になっても心は晴れないだろう。［想定的］
　　←春になると、人間の心は晴れるものだ。
(4')　うちのボスは腹がすわっているから何があっても動じない。［想定的］
　　←人間は、何かあると、動じるものだ。
(9")　ここで待っていてもバスは来ませんよ。［非想定的］
　　←??ここで待っていると、バスが来るものだ。
(10")こんなことを勉強しても試験には出ないよ。［非想定的］
　　←??これを勉強すると、試験に出るものだ。
(11")サンフランシスコに行ってもケーブルカーに乗らない方がいいですよ。［非想定的］
　　←??サンフランシスコに行くと、ケーブルカーに乗るものだ。

　想定的な譲歩条件の場合、後件は命題レベルで述べられることが多く、「事態間の依存関係」が否定されているように見える。非想定的な譲歩条件の場合、後件は、「よ」など、話し手の心的態度を表す要素、即ち、モダリティ要素が入りやすく、「聞き手の期待」の否定として解釈されやすい。英語なら、想定的な譲歩条件ほど「even if」文に、非想定的な譲歩条件ほど「if」文になりやすいということが予測できる。「テモ」と「eodo」は、想定的な譲歩条件にも非想定的な譲歩条件にも用いられると言える。

2.2 「eoya」の逆説性
　さて、前章で論じた「eoya」は、(1)〜(8)のような想定的な譲歩条件を表すことができず、(9)〜(10)のような非想定的な

譲歩条件のみを表す。

(12) ??비가 {와야/와 봐야} 공연은 예정대로 진행된다. (← (5))
??bi-ga {wa-aya/bwa-aya} gongyeon-eun yejeongdaelo jinhaeng-doe-nda.
(??雨-が {降る-eodo/降る-[連用]みる-eoya} 公演-は 予定通り 進行-なる-[叙述].)
(雨が降っても、公演は予定通り行われる)

(13) ??하늘이 {무너져야/무너져 봐야} 솟아날 구멍이 있다. (← (6))
??haneul-i {muneojy-eoya/ muneojyeo bwa-aya} sosanal gumeong-i issda.
(??空-が {崩れる-eoya/崩れる-[連用]みる-eoya} 湧き出る-[連体] 穴-が ある)
(天地がひっくり返っても、生き残る方法がある〈諺〉)

(14) 여기서 {기다려야/기다려 봐야} 버스 안 와요. (← (9'))
yeogi-seo {gidaly-eoya/gidalyeo bwa-aya} beoseu an wayo. jeojjog-eseo gidaly-eoyaji.
(ここ-で {待つ-eoya/待つ-[連用]みる-eoya} バス 来ません.あちら-で 待つ-eoyaji)
(ここで待っていても、バス来ませんよ。)

(15) 이런 거 공부 {해야/해 봐야} 시험에 안 나와. (← (10'))
ileon geo gongbu {hae-eoya/hae bw-aya} siheom-e an nawa.
(こんなこと 勉強 {する-eoya/する-[連用]みる-eoya} 試験-に[否定] 出る-[汎用].)
(こんなこと勉強しても、試験に出ないよ)

さらに、「eoya」の後件は、多様なモダリティ要素を取りやすく、非想定的な譲歩条件により特化していると言える。以下の例では、「-eul ppunida」(〜だけだ)((16a)、(16b))、「na」(でも)((16c))、「man」(だけ)((16d)) など話し手の事態に対する認識を表す文末表現や助詞がふんだんに用いられている。(16) は、「テモ」には対応するが、「eodo」はやや不自然である。

(16) a. 일가붙이들 {**많아 봐야**/? 많아도} 무슨 날 모여들면 여자 고생

하기 알맞을 뿐이다.
ilgabuti-deul {manha bwa-aya/?manh-ado} museun nal moyeodeul-myeon yeoja gosaengha-gi almaj-eul ppun-i-da.
(家族-[複数]{多い-[連用]みる-eoya/?多い-eodo} 何かの 日 集まる-[条件] 女 苦労する-[名詞化] ピッタリだ-[連体]だけ-[指定]-[叙述].)
(家族が多くても、何かの日に集まると女性が苦労するだけだ)

b. 아는 놈을 잡고 물어봐야지 모르는 놈 잡고 {**물어봐야**/? 물어봐도} 헛수고일 뿐이야.
aneun nom-eul jabgo muleobwayaji moleuneun nom jabgo {**muleobwa-aya**/?muleobwa-ado} heossugoi-l ppun-i-ya.
(知る-[連体]やつ-を 捕まえる-[付帯]聞く-eoyaji 知らない-[連体]やつ 捕まえる-[付帯]{**聞く-eoya**/?聞く-eodo} 無駄骨だ-[連体]だけ-[指定]-[汎用].)
(知ってるやつを捕まえて聞かなきゃ、知らないやつを捕まえて聞いても無駄だ)

c. 집에 {**돌아가 봐야**/? 돌아가도} 얻어터지기나 할 테지.
jib-e {**dolaga bwa-ya**/?dolaga-ado} eobeoteoji-gi-na ha-l te-ji.
(家-に {**帰る-[連用]みる-eoya**/?帰る-eodo} 殴られる-[名詞化]-でも する-[推量]-[主張].)
(家に帰っても殴られるだけだ)

d. 길게 {**얘기해 봐야**/? 얘기해도} 입만 아플 것 같았다.
gil-ge {**yaegihae bwa-ya**/?yaegihae-do} ib-man apeu-l geos gat-ass-da.
(長い-[副詞]{**話す-[連用]みる-eoya**/?話す-eodo} 口-だけ 痛い-[推量]-[過去]-[叙述].)
(長々と話しても口が痛いだけだと思った)

(16)のような文脈で、「テモ」と「eoya」は自然で「eodo」は用いられにくいことから、「eodo」は、「テモ」と「eoya」に比べ、非想定的な譲歩条件にはあまり向かないと言えそうである。さらに、次のような例では、後件が反語（修辞疑問）になっており、もし直話法の平叙文なら「テモ」や「eodo」が用いられそうなところであるが、そのままでは「テモ」も「eodo」も用いられにくい。「eoya」のみが自然である。

(17) a. 저 나이에 저 몸으로 {달아나 봐야/??달아나도} 어디겠수?
　　　 jeo nai-e jeo mom-eulo {dalana bwa-aya/??dalana-ado} eodi-gess-su?
　　　（あの 年齢-で あの 体-で {逃げる-［連用］みる-eoya/??逃げる-eodo} どこ（-［指定］)-［推量］-［疑問］?)
　　　（あの年であの体で逃げても、どこへも逃げられないだろう）

b. 그런 걸 수입해다 {진열시켜 봐야/??진열시켜도} 누가 사 간단 말입니까?
　　 geuleo-n geol suibhaeda {jinyeolsikyeo bwa-aya/??jinyeolsiky-eodo} nu-ga sa ga-nda-n mal-i-bnikka?
　　（そうだ-［連体］ものを 輸入して {陳列する-［連用］みる-eoya/??陳列する-eodo} 誰-が 買う (-［連用］) いく-［引用］-［連体］言葉-［指定］-［疑問］?)
　　（そんなものを輸入して陳列しても、誰も買わない）

c. 이미 깨진 그릇, 더 {만져 봐야/??만져도} 뭘 합니까?
　　 imi kkaeji-n geuleus, deo {manjyeo bwa-aya/??manjy-eodo} mwo-l ha-bnikka?
　　（すでに 割れる-［連体］器, もっと {触る-［連用］みる-eoya/??触る-eodo} 何-をする-［疑問］?)
　　（もう割れてしまった器を触ってもしょうがない）

d. 앗따, {돌아다녀 봐야/??돌아다녀도} 뭐 별 거 있겠소?
　　 astta, {doladanyeo bwa-aya/??doladany-eodo} mwo

byeol geo iss-gess-so?
(まあ, {歩き回る-[連用] みる-eoya/?? 歩く-eodo} 何 特別な もの ある-[推量]-[疑問]?)
(まあ、歩き回っても何もないですよ)

　反語は、事態を命題的に述べることとは無関係で、話し手の心的態度の極端な表し方と言える。そのような表現と共起するということは、非想定性が高いということであろう。(17)の例では、話し手の断念、皮肉、嘲笑などの態度が表れており、これは、前章で見た「eoya」の必須性と相通ずる特質である。「eoya」が、意志や働きかけの後件を持たない現象も、このような特質による可能性が高い。必須性のある譲歩条件では、話し手は、単に聞き手の期待を否定するのではなく、その否定される期待内容（想定）に対する心的態度（認識）を強く示しながら否定するのである。意志や働きかけは、それをもって聞き手の期待を裏切ることは可能であるが、事態そのものに対する話し手の認識を表すものではない。後件に働きかけが来ている(11')は「eoya」が不可能であるが、敢えて用いるなら、後件は(19)～(20)のように、「サンフランシスコに行ったら」、「見ものがたくさんある」((19))、「やることがたくさんある」((20))という聞き手の期待そのものに対する話し手の否定的な認識を表す表現にしなければならない。

(18) ?? 샌프란시스코에 {가야/가 봐야} 케이블카는 안 타는 게 좋아요.
(← (11'))
?? saenpeulansiseuko-e {ga-aya/ga bwa-aya} keibeulka-neun an ta-neun g-e joh-ayo.
(サンフランシスコ-に {行く-eoya/行く-[連用] みる-eoya} ケーブルカー-は [否定] 乗る-[連体] こと-が 良い-[丁寧].)
(サンフランシスコに行っても、ケーブルカーは乗らない方がいいですよ)

(19) 샌프란시스코에 {가야/가 봐야} 볼 것도 없어요.
saenpeulansiseuko-e {ga-ya/ga bwa-ya} bol geos-do eobs-eoyo.

(サンフランシスコに {行く-eoya/ 行く-[連用] みる-eoya} 見る もの-も ない-[丁寧].)
(サンフランシスコに行っても、何にもないですよ)
(20) 샌프란시스코에 {가야/가 봐야} 케이블카밖에 더 타겠어요?
saenpeulansiseuko-e {ga-ya/ga bwa-ya} keibeulka-bakke deo ta-gess-eoyo?
(サンフランシスコ-に {行く-eoya/ 行く-[連用] みる-eoya} ケーブルカー-しか さらに 乗る-[推量]-[丁寧]?)
(サンフランシスコに行っても、ケーブルカーに乗る位しかできませんよ)

　この現象と関連し、「eoya」が用いられる譲歩条件のもう一つの特徴は、後件の事態が常に「否定的」であるということである。「eoya」が自然な(14)～(17)の後件では、聞き手のプラス的な期待を想定しそれを否定することで、話し手の心的態度もマイナス的に表現される。それに比べ、「eoya」が用いられない「テモ」「eodo」の例((1)～(8))は、必ずしも否定的とは言えず、プラス的な解釈も、マイナス的な解釈も、どちらとも言えないもの(意志や働きかけ)もある。いわば、これらは否定的とか肯定的とは無関係で「中立的」と言えるのかもしれない。「eoya」の後件に話し手の否定的態度が来るということは、先行研究にも指摘がある。ソ・ジョンソプ(1991: 119)は、「eoya」に対し「(話者が)先行節の命題内容の価値を否定する意味をもつ」ことから「評価の切り下げ(devaluation)」用法を有すると述べ*3、「有票的な「eoya」に対し「eodo」は中立的譲歩」と結論づけた。「テモ」に関して言うと、中立的な「eodo」の用法と否定的な「eoya」の用法をカバーし、必須性・非想定性の高い「eoya」の用法までは表せないと言える。

3. 第7章のまとめ

　第7章では、「テモ」「eodo」「eoya」を取り上げ、譲歩条件における逆説性について論じた。日本語や韓国語の譲歩条件における、

聞き手の期待を否定するという意味は、様々な意味要素によってより細かく分析できることを見た。想定される順接条件の特徴によって想定的、非想定的なものがあり、非想定的な条件ほど、事態間ではなく認識間の依存関係を表すこと、また、言語表現も非想定的であるほどモダリティ要素が用いられやすく、「eoya」のみが可能な極端に非想定的な譲歩条件では、話し手の否定的態度が表れやすいことなどを論じた。想定的な譲歩条件では、「テモ」「eodo」が用いられるが、非想定的になるほど「eodo」は用いられにくく、反語など話し手の心的態度がより明示的に表れる譲歩条件には、「eoya」しか用いられない。以上を語用論的文脈と合わせて表にまとめると次の通りである。

表15　譲歩条件と形式

譲歩条件用例	譲歩条件形式	逆説性要素
明日雨が降っても井の頭公園にお花見に行きます。	テモ　eodo	想定的・必須性無・事態間・命題的・中立的
サンフランシスコに行ってもケーブルカーに乗らない方がいいですよ。	テモ　eodo	
ここで待っていてもバスは来ませんよ。	テモ　eodo　eoya	↕
집에 돌아가 봐야 얻어터지기나 할 테지.（家に帰っても殴られるだけだ）	テモ　eoya	非想定的・必須性有・認識間・モダリティ的・否定的
저 나이에 저 몸으로 달아나 봐야 어디 갰수?（あの年であの体で逃げても、どこへも逃げられないだろう）	eoya	

　前件と後件が認識間の依存関係を示す条件形式は、「テモ」や「eoya」だけではない。本書の第4章では、認識間の継起から理由表現に拡張する「nikka」を見た。条件表現において、認識間の依存関係や話し手の心的態度を表しやすいということは、韓国語の特徴と言えるのかもしれない。特に、「eoya」は、順接条件に用いられるときも、譲歩条件に用いられるときも、話し手の心的態度を表すのに適しており、韓国語の特徴をよく表す形式の一つと言える。

＊1 「eodo」は、「ado/eodo/yeodo」の異形態を有するが、代表形式として「eodo」を用いる。用例における異形態そのものは、縮約や脱落によって異なる形をとり得る。

＊2 坂原（1985、1993）では、このことを「暗黙の前提の否定によって予定した条件文が成立しない」としている。イ・キドン（1977）、ユン・ピョンヒョン（1989）、ソ・ジョンソプ（1991）など、韓国語の諸研究でもこのことは指摘されており、Lakoff（1971）の「기대부정（期待否定、denial of expectation）」という用語で取り上げられる。韓国語研究では、「eodo」をはじめ、「deolado」「ljilado」「ndeul」など多数の形式が対照的に記述されることが多く、特に、ソ・ジョンソプ（1991）では、これらの形式に、「eoya」「eossja」など、さらに六つの譲歩条件形式を加え、形態論・意味論・語用論的に考察している。このうち、「eossja」は「eoya」の譲歩条件に特化した形式と言え、「てみる」と共起する「eoya」はすべて「eossja」に置き換えることができる。日本語では、「〜たところで」などに対応する。

＊3 ソ・ジョンソプ（1991）は「-eossja」についてこのような考察を行っているが、「eoya」も同様であるとしている。なお、「評価の切り下げ（devaluation）」用法が故に、「目上の人の前では使えないという語用論的制約がある」と述べている。

第8章
条件の「テハ」と「eoseoneun」

　本章では、日本語の「テハ」を韓国語と対照分析し、「テハ」及び韓国語の対応形式の意味用法やその条件表現としての位置づけを明らかにする。特に、条件の「テハ」と韓国語の対応形式の「eoseoneun」との類似点と相違点を明確にした上で、「テ」とその対応形式にかかわる周辺現象を考察しながら、「テハ」の条件用法について体系的に説明する。

1. 二つの「テハ」

　日本語研究における「テハ」は、大きく「条件」を表すものと「反復」を表すものに分けられるのが一般的である（蓮沼1987、蓮沼・有田・前田2001、有田2007、前田2009など）。次の（1）は条件を、（2）は反復を表す「テハ」の例である（日本語記述文法研究会2008: 110-112）。
（1）a. 周りの人に失礼なことをしては、父に叱られるだろう。
　　 b. 君が来ては、みんなが迷惑するだろう。
　　 c. そんなに飲んでは、体によくないよ。
（2）a. 周りの人に失礼なことをしては、父に叱られたものだ。
　　 b. 2、3行読んでは、窓の外を見た。
　　 c. お詫びの手紙を書いては破り、書いては破りして、やっと書きあげた。
条件を表す「テハ」の場合、条件形式の「バ」「タラ」「ナラ」などと同じく、仮定的条件（一般的条件、反事実条件）や確定的条件を表すことがあるが、反復を表す「テハ」はそのような用法を持たないことが指摘されている。
　韓国語の場合、（3）や（4）のように、条件の「テハ」は

「eoseoneun」(「eoseo」(て) +「neun」(は))に、反復の「テハ」は「goneun」(「go」(て) +「neun」(は))にそれぞれ対応するのが一般的である。

(3) a. 이렇게 해서는 밤을 새워도 결론이 안 나겠네.
ileoh-ge ha-eseoneun bam-eul saew-odo gyeollon-i an na-gess-ne.
(こうだ-[副詞] する-eoseoneun 夜-を 明かす-[逆
(こんなことをしていては、夜を明かしても結論が出そうにないな)

b. 환상이니 미신 따위를 믿고 의지해선 여지없이 낙오해요.
hwansang-ini misin ttawi-leul mib-go uijiha-eseon yeojieobsi nagohae-yo.
(幻想-や 迷信 など-を 信じる-[並列] 頼る-eoseoneun 余地なく 落伍する-[丁寧].)
(幻想とか迷信とか信じて頼っていては、間違いなく取り残されますよ)

(4) a. 누이는 (중략) 알레르기성 재채기에 걸려 자주자주 재채기를 하고는 눈을 비비며 코를 풀었었다.
nui-neun (junglyag) alleleugiseong jaechaegi-e geollyeo jajujaju jaechaegi-leul ha-goneun nun-eul bibimyeo ko-leul pul-eoss-eoss-da.
(姉-は (中略) アレルギー性 くしゃみ-に かかる-[連用] 頻繁に くしゃみ-を する-goneun 目-を こする-[同時] 鼻-を かく-[過去]-[過去]-[叙述].)
(姉は (中略) アレルギー性のくしゃみにかかって、頻繁にくしゃみをしては、目をこすり、鼻をかいていた)

b. 내가 읽는 책들이 끝이 나면 새로 책방에 가서 책을 구해 와 먼저 읽고는 또 빌려 주었습니다.
nae-ga ilg-neun chaeg-deul-i kkeut-i na-myeon saelo chaegbang-e ga-seo chaeg-eul guha-e wa meonjeo ilg-goneun tto billy-eo ju-eoss-seubnida.
(私-が 読む-[連体] 本-[複数]-が 終わり-が 出る-

［条件］新しく 本屋-に 行く-［継起］本-を 求める-［連用］くる-［連用］先に 読む-goneun また 貸す-［連用］くれる-［過去］-［叙述］.）

（私が本を読み終わると、また本屋に行き本を買ってきて先に読んでは、また貸してくれました）

　条件の「eoseoneun」は、（3）のような例で「テハ」と対応するが、「テハ」に比べて条件表現としての用法は限られ、条件を扱う韓国の先行研究においてもほとんど取り上げられていないのが現状である。本章では、まず「テハ」と「eoseoneun」を対照分析し、両形式が表す共通の条件的意味を明らかにした上で、「eoseoneun」の制約はなぜ起こるのか、なぜ「テハ」はより広い用法を有し得るのかについて、深度のある議論を行う。

2. 条件の「テハ」の用法と「eoseoneun」

2.1 「テハ」と対応する「eoseoneun」

　「テハ」が最も細かく分類されていると思われる前田（2009）に沿って、条件を表す「テハ」の用法を示すと次のようである*1。

(5) ①仮説的条件　　a）先生が出席なさらなくては、みんながっかりするでしょう。

　　②事実的仮説条件　b）こう暖かくては狂花が見られるんじゃない。　　　　　　　　（蓮沼1987）

　　③反事実条件　　c）私が断っては、母が困っただろう。

　　④一般条件　　　d）ハイ・ミスというもの、心弱くてはかなわぬものである。

　　⑤習慣　　　　　e）酒好きの父が待っていると知っていたので、毎夕、母はお酒を買わなくては家に帰れなかったそうだ。

　　⑥不可能の状況　f）こうした少年に死角からいきなりとび出されては、どんな運転手でも避けようがなかった。　　　　　　（塩入1993）

　　⑦評価的用法　　g）お酒は飲んでもいいが、煙草は吸っ

　　　　　　　　　　　　　　てはいけない。

⑧後置詞的用法　　h)「としては」「によっては」「にとっては」「にいたっては」「それにしては」など

　このうち、韓国語の「eoseoneun」と対応するのは、①、②、④、⑦である*2。以降、「テハ」と「eoseoneun」が対応する場合と、対応しない場合を順に見ていく。「テハ」と「eoseoneun」が対応する用例は、次のようなものがある。

(6)　a.　이 엄혹한 선택의 시기에 거품 같은 인기나 여론에 급급해선 되는 일이 없을 것이다. (①)

　　　　i eomhogha-n seontaeg-ui sigi-e geopum gat-eun ingi-na yeolon-e geubgeubha-eseon doe-neun il-i eobs-eul geosi-da.

　　　　(この 厳酷だ-［連体］選択-の 時期-に 泡 同じだ-［連体］人気-や 世論-に 汲々とする-eoseoneun なる-［連体］こと-が ない-［推量］-［叙述］.)

　　　　(こんなに厳しい選択の時期に、泡のような人気や世論に拘っていては、何にもならないだろう)

　　b.　이렇게 해서는 밤을 새워도 결론이 안 나겠네. (＝(3a)) (②)

　　　　ileoh-ge ha-eseoneun bam-eul saew-odo gyeollon-i an na-gess-ne.

　　　　(こうだ-［副詞］する-eoseoneun 夜-を 明かす-［逆接］結論-が ［否定］出る-［推量］-［気づき］.)

　　　　(こんなことをしていては、夜を明かしても結論が出そうにないな)

　　c.　환상이니 미신 따위를 믿고 의지해선 여지없이 낙오해요. (＝(3b)) (④)

　　　　hwansang-ini misin ttawi-leul mib-go uijiha-eseon yeojieobsi nagohae-yo.

　　　　(幻想-や 迷信 など-を 信じる-［並列］頼る-eoseoneun 余地なく 落伍する-［丁寧］.)

(幻想とか迷信とか信じて頼っていては、間違いなく取り残されますよ)

d. 시카고에 도착할 때까지 절대로 잠을 자서는 안 됩니다. (⑦)
sikago-e dochagha-l ttae-kkaji jeoldaelo jam-eul ja-aseoneun an doe-bnida.
(シカゴ-に 到着する-[連体] とき-まで 絶対に 睡眠-を 寝る-eoseoneun [否定] なる-[叙述].)
(シカゴに着くまで、絶対に寝てはいけません)

まず、①仮説的条件は、本書における予測条件とほぼ一致する。「テハ」は、「バ」「タラ」「ナラ」「myeon」などと同じように仮定的条件の用法を持ち、「eoseoneun」も同じ用法を有する((6a))。②事実的仮説条件とは、第4章で論じた、事実性のある仮定的条件を指す。前件の事態が発話時現在起こっていることを表し、それに基づいて後件の事態を推論する用法であるが、「eoseoneun」も同じ用法を有する((6b))。この用法も、「バ」「myeon」など他の条件形式に見られるものであった。④一般条件とは、予測的・一般的な条件のことであるが、「eoseoneun」は予測性・一般性の高い条件は表さないようである。ただ、場合によってはそのような解釈ができそうな例はある((6c))。⑦評価的用法は、「eoseoneun」の最も典型的な用法である((6d))。後件は「안 되다 an doeda」(ダメだ、いけない)以外に「곤란하다 gonlanhada」(困る)、「힘들다 himdeulda」(大変だ)など多少のバリエーションが見られるものの、多くの「eoseoneun」がこの用法に収まる。評価的用法もまた、「タラ」や「myeon」などすでに観察した仮定的条件形式にも見られる。以上のように、「テハ」と「eoseoneun」の共通用法は、すべて他の仮定的条件にもあるもの、特に韓国語では「myeon」に置き換えられる用法になっていることが分かる。

2.2 「テハ」と対応しない「eoseoneun」

次は、「テハ」と「eoseoneun」が対応しない用法を見てみよう。③反事実条件の用法は、「eoseoneun」にはないようである。「テハ」の反事実条件の用法については、前田(2009)や日本語記述

文法研究会（2008）は認めているが、有田（2007）は認めていない。実際、(5c) の適切性については、ネイティブの間でも判断が分かれる。「ト」の場合でも述べた通り、反事実条件は、当形式が仮定的条件形式かどうかを判断する指標の一つである。「テハ」にその用法の揺れがあるということは、条件形式として完全に定着してはいない、又は、文法化の途中にあると言えるかもしれない。⑤の「習慣」は、用例が少なく判断が難しいが、(過去の) 習慣という命名の妥当性については検証が必要そうである。前田（2009: 99）は、(5e) のような例が「多回的生起との区分が曖昧になる」として習慣と呼んでいるが、反復との区分が曖昧になるのは、「テハ」の前件が否定（多くの場合、後件も否定）になっている場合だけである。さらに、前件が否定になっている例がすべて過去の習慣を表すわけではない（(8)）。これらをまとめて過去の習慣と呼ぶには多少無理がありそうである。(5e) と (7) の過去の習慣という意味合いは、むしろ「毎夕」「昔は」などの表現によるものと思われる。

(7) 昔は、親の許しがなくては、結婚できなかった。

（日本語記述文法研究会 2008）

(8) a. 設計も作業も彼がいなくては進まなかった。
    b. 夜、月がなくてはぼくらは何もできなかった。

(5e) や (7) ～ (8) の例は、「テハ」の前件と後件に否定の表現（可能表現の否定を含む）があることが特徴で、「～なければ～なかった」のような過去における必要性、当為性の条件を表し、文末表現として慣用化しているかどうかという点を除けば、⑦評価的用法に近づいていると言える。蓮沼（1987: 5）は、「テハ文」と「バ文」の比較分析で、「前件が肯定形述語の場合は、「テハ文」「バ文」における話し手の伝達態度に違いが見られたのに対し、否定形述語をとる場合は、どちらも〈必要性・義務〉といった共通の伝達的意味を持つようになり、その差異を失う傾向がある」と指摘している。この指摘は、条件の前件が否定を含む場合は、そうでないものと区別する必要があることを強く示唆する。「～なくては～ない」の用法は、過去と非過去における違いはほとんどなく、どちらも当

為を表す条件と見なすべきである。
(9) a. 流儀を知らなくては、茶室はつくれない。
    b. 紙がなくては、印刷は効果を発揮しない。
    c. 自分の力で変えていかなくては、問題はなくならない。

ただし、韓国語との対応を見ると、韓国語では「否定-否定」の文が過去の事態を表すことは非常に少ない*3。さらに、「eoseoneun」は、「eoseoneun an doeda」(eoseoneun [否定] なる)(〜てはいけない)の文末表現(評価的用法)を除くと、前件に否定が来ることは滅多にないが、多少とも例が見られるのは非過去の方である。また、前件に否定が来る場合は「eoseoneun」は用いられにくく、「goneun」が用いられる*4。一見、否定形の前件をとっている(10c)の「eoseoneun」は、事実上「eoseoneun an doeda」を強調しているだけである。

(10) a. 자기 고장을 {**모르고는**/몰라서는} 세계를 안다 할 수 없다.
       jagi gojang-eul {**moleu-goneun**/mol-aseoneun} segye-leul a-nda ha-l su eop-da.
       (自分 地方-を {**知らない-goneun**/知らない-eoseoneun} 世界-を 知る-[引用] 言う-[不可能]-[叙述].)
       (地元が分からなくては、世界が分かると言えない)

    b. 이것이 {없이는/**없어서는**} 멀고 가까움의 차이를 소상하게 밝히는 것이 불가능하다.
       igeos-i {eobs-i-neun/**eobs-eoseoneun**} meol-go gakkau-m-ui chai-leul sosanghage balghineun geos-i bulganeungha-da.
       (これ-が {ない-i-neun/**ない-eoseoneun**} 遠く-[並列] 近い-[名詞化]-の 差異-を 詳細に 明かす-[連体] こと-が 不可能だ-[叙述].)
       (これがなくては、遠近の差異を詳細に究明することがは不可能である)

    c. 공업이라고 하는 것은 그렇게 {되지 않고는/**되지 않아서는**} 절대로 성립이 안 된다.
       gongeob-ilago ha-neun geos-eun geuleohge {doe-ji

anh-goneun/doe-ji anh-aseoneun} jeoldaelo seonglib-i an doe-nda.

(工業-[引用]いう-[連体]もの-はそう{なる-[否定]-goneun/ なる-[否定]-eoseoneun} 絶対に 成立-が[否定]なる-[叙述].)

(工業というものは、そのようにならなくては、絶対に成立しない)

　以上の考察から、⑤の用法を過去における「否定-否定」の文脈に限定するなら、「過去の評価」と呼んでみよう*5。前件が否定の場合「goneun」が用いられやすいという普遍的な問題とは別に、「eoseoneun」は、過去の評価には用いられにくいと言える。

　次に、⑥に進んでみよう。これは、通常一回性の確定的事態を表せない「テハ」が、不可能であった過去の事態を表す場合に（前田2009: 99）用いられる例外として提示されたものであるが、この考察の元になっている塩入（1993: 71-74）によると、「テハ」文が一回性の確定的事態を表せるのは、（ⅰ）主節の事態が「判断のモダリティ」に関わる形式を取る場合、（ⅱ）主節が否定を含む一定の形式を取る場合、（ⅲ）主節の事態が可能表現の否定である場合などである。(5f)とともに、以下のような例もこの用法に入りそうである。

(11) a.　しかしこの状況で誘われては、いやとはいえなかった。
　　　b.　身分違いだから、多少の困難のあることは覚悟していたが、のっけからあの態度に出られては、手も足も出ない気持であった。
　　　c.　頼もしげにこう受け合われては、宗子もそれ以上、云う言葉もなかった。

　これらの例は、「テハ」の前件が受け身表現になっているという点で類似している。「テハ」は、過去における、余儀なくされてしまった事態を表すのに好都合な形式と言えるのかもしれない。一回性の確定的事態を表し難いということは、「eoseoneun」によりよく当てはまると思われる。「eoseoneun」文にも以下のような例が存在するが、後件が判断のモダリティを表しており、一見、塩入

(1993)の「テハ」に関する説明が当てはまるようにも見える。

(12) a. 그를 집안으로 들게 해서는 반드시 무슨 끔찍한 일이 벌어질 것 같았다.

geu-leul jiban-eulo deul-ge ha-eseoneun bandeusi museun kkeumjjigha-n il-i beoleoji-l geos gat-ass-da.

(彼-を 家の中-へ 入る-［副詞］する-eoseoneun 必ず 何かの ひどい-［連体］こと-が 起こる-［推量］-［過去］-［叙述］.)

(彼を家の中に入れては、絶対何かひどいことが起こりそうだった)

b. 보통 말로 해서는 집단적인 폭력 행사가 쉽지 않을 터였다.

botong mal-lo ha-eseoneun jibdanjeogin poglyeog haengsa-ga swib-ji anh-eul teo-yeoss-da.

(普通 言葉-で 言う-eoseoneun 集団的な 暴力 行使-が やさしい-［否定］-［推量］-［過去］-［叙述］.)

(普通の言葉で言っては、集団的な暴力の行使が難しそうだった)

ところが、よく観察してみると、(12)は、(11)とは異なる構文である。(11)の「テハ」節が表している事態は、発話時点ですでに起きている事態であるが、(12)の「eoseoneun」節が表している事態は、発話時点では起きていない事態である。言い換えると、(12)の「eoseoneun」文は、過去における予測条件であり、一回性の確定的事態とは言えないのである。実際、(11)は仮定的条件を表す「ト」「タラ」「バ」などに言い換えることができないが、(12)の「eoseoneun」は「myeon」に言い換えても文意がほとんど変わらない*6。(12)は、「彼を家の中に入れてはいけない気がした」「普通の言葉で言ってはいけないはずだった」という評価的な意味を含意していると考えられ、事実上⑦と変わらないのである。「eoseoneun」文は、ほぼ例外なく、一回性の確定的事態を表せないと言える。

これまでの議論をまとめると、「テハ」と「eoseoneun」の対応は、次のように示すことができる。

表16 条件の「テハ」と「eoseoneun」の用法の概観

	仮説的条件	事実的仮説条件	反事実的条件	一般条件	過去の評価	一回性の事実的事態	評価的用法
テハ	○	○	△	○	○	△	○
eoseoneun	○	○	×	○	△	×	○

「eoseoneun」の場合、評価的用法以外は、「○」となっていてもその使用頻度は低い。その要因として、次の2点が挙げられる。第1に、「eoseoneun」は（5a）のように、前件だけに否定が来る表現ができない。「eoseoneun」の前件が否定の場合は、後件も否定で、結果的に評価的用法しか表さないのである。(5a) のように前件だけが否定の場合は、予測条件の「myeon」を用いるしかない。第2に、第1と関連しているが、「eoseoneun」は「否定的含意」（否定的な後件の事態）を有する場合にしか使われないという事実がある。「eoseoneun」は、（5b）や以下のような「テハ」文に見られる、否定的含意を含まない表現を表すことができない（(13) の用例は蓮沼（1987）より）*7。

(13) a.　こう暖かくては狂花が見られるんじゃない。(=（5b）)

　　 b.　こんなに夕焼けが美しくては明日もいい天気だろう。

　　 c.　こんなにお若くちゃ、まだ結婚なさらないのも一向不思議ではないですな。

(13') a. *이렇게 따뜻해서는 철 이른 꽃을 볼 수 있겠네.

　　　　 *ileohge ttatteusha-eseoneun cheol ileu-n kkoch-eul bol su iss-gess-ne.

　　　　 (*こう 暖かい-eoseoneun 季節 早い-[連体] 花-を 見る-[可能]-[推量]-[気づき].)

　　 b. *이렇게 노을이 아름다워서는 내일도 날씨가 좋겠네.

　　　　 *ileohge noeul-i aleumdaw-oseoneun naeil-do nalssi-ga joh-gess-ne.

　　　　 (*こう 夕焼け-が 美しい-eoseoneun 明日-も 天気-が 良い-[推量]-[気づき].)

　　 c. *이렇게 젊어서는 아직 결혼 안 하신 것도 전혀 이상하지 않군요.

*ileohge jeolm-eoseoneun ajig gyeolhon an ha-si-n
　　　geosdo jeonhyeo isangha-ji anh-gun-yo.
　　　(*こう 若い-eoseoneun まだ 結婚［否定］する-［尊敬］
　　　-［連体］こと-も 全然 おかしい-［否定］-［気づき］-
　　　［丁寧］.)

　蓮沼（1987）では「テハ」の「反期待性」という特徴からこのような表現ができるとしており、有田（2007）は、以上の例を含めて「テハ」文が表す否定性は「ハ」の「対比性」に因ると述べている。ところが、同じく対比性を有する「neun」の用いられた「eoseoneun」に「テハ」のような用法の拡張が見られないという事実は、「テハ」文の意味がどこから来ているかという問題だけではなく、どのような言語構造的な特徴が「テハ」条件文を可能にするのかという問題への説明が求められることを示す。この問題は、「テ」と「eoseo」のより精密な対照分析を通じて説明できると思われる。

3.「テ」と「eoseo」と条件

3.1 「テ」と対応形式の周辺

　形態論的に「テハ」と「eoseoneun」は、接続形式に助詞「ハ」と「neun」がそれぞれついて条件を表している点で類似している。「ハ」や「neun」は、日本語（「バ（←ハ）」「タラ（バ）」「ナラ（バ）」）や韓国語（「myeon（←myeoneun）」）の典型的な条件形式に共通して含まれる形式であり、その「取り立て」や「対比」の意味が条件と見合うことから、容易に「テ」や「eoseo」と結合し条件形式化したと考えられる。このように、「テハ」と「eoseoneun」における「ハ」と「neun」が「テ」と「eoseo」節を限定的に取り上げるという、ほぼ同じ役割を果たしていると考えた場合、「テハ」と「eoseoneun」の異なる振る舞いは「テ」と「eoseo」の違いに因る可能性が高い。ここでは、「テ」と「eoseo」及びこれらに助詞が結合して複合形式を形成するメカニズムを対照分析し、その類似点と相違点を明らかにすることで、「テハ」と「eoseoneun」の条

件用法におけるズレの原因を探りたいと思う。

まず、「テ」と「eoseo」が接続表現として単独で用いられる場合の意味を概観する。「テ」の対応形式に「eoseo」と「go」があることはすでに見た。これまで、「eoseo」を「eo」と「eoseo」の代表形式として用いてきたが、ここでは、「eo」と「eoseo」を区別する。これらの形式が表す主な用法は、並列、継起、原因などとされるが*8、対応が一対一ではないことから、その用法や文法的位置づけにはズレがある。「テ」は、中立形とともに並列、継起、原因などの意味を表す。並列の場合は中立形が、継起、因果の場合は「テ」が優先されることが指摘されている（益岡2013）が、多くの場合どちらも可能である。韓国語は、「go」が「単純並列」を、「eo」と「eoseo」が「因果並列」を表すとされる。「テ」と対応する「eo」と「eoseo」は、どちらも可能な場合が多いが、継起を表す表現では「eoseo」の方が自然であることが指摘されている。「テ」に対応する韓国語の三つの形式を用法別に概観すると、概ね、次のようである（出典のない日本語の例は日本語記述文法研究会(2008)より）。

表17　接続形式の対応

用法	日本語の「テ」	韓国語の対応形式
単純並列	太郎は中国語も {解り/*解って}、日本語も解る。（久野1973） 妻は病院へ {行き/行って}、娘は遊びに行った。	go
継起並列	舞台の幕が {上がり/上がって}、主役が登場した。 このとき、エレベータが {停止し/停止して}、ドアが開いた。（仁田1995）	
継起原因	電車が {脱線し/脱線して}、死傷者が出た。 雨が {降り/降って}、川があふれた。	eo
原因	値段が {高く/高くて} 買えません。 多くの同窓生に {?会え/会えて} 嬉しかった。（益岡2013）	eoseo
継起	昨日、友達と買い物に {行き/行って}、レストランで昼食を食べた。 二人は、角館までの切符を {買い/**買って**}、改札口を通った。（検索例）	eoseo

有田（2007）は、「テハ」の二つの解釈が、互いに異なる統語構造を有することを論じ、反復の「テハ」は継起の「テ」と、条件の「テハ」は原因の「テ」とつながっていることを明らかにしているが、韓国語においても、継起並列の「go」が反復の「goneun」に、原因の「eoseo」が条件の「eoseoneun」に結びついていると言える。「eoseo」には継起のみを表す用法もあるため、「eoseoneun」が反復を表す次のような場合も出てくるが、これは第3章で見た「eoseo」の連続用法に「neun」が付いて反復性を出しているものである。

(14) a. 그는 결혼할 것을 굳게 약속하고 선희의 사진을 동봉해선 고향에 보내곤 했다.
geu-neun gyeolhonha-l geos-eul gud-ge yagsoghago seonhui-ui sajin-eul dongbongha-eseon gohyang-e bonae-gon hae-ss-da.
（彼-は 結婚する-［連体］こと-を 固い-［副詞］約束する-［並列］ソンヒ-の 写真-を 同封する-eoseoneun 故郷-に 送る-［反復］する-［過去］-［叙述］.）
（彼は、結婚を固く約束し、ソンヒの写真を同封しては故郷に送っていた）

b. 절망할 수밖에 없는 곳에서 시작해선 도루 그 자리로 돌아오곤 하는 겁니다.
jeolmanghal su-bakke eobs-neun gos-eseo sijagha-eseon dolu geu jali-lo dolao-gon ha-neun geo-bnida.
（絶望する-しか ない-［連体］ところ-で はじめる-eoseoneun もと通りに その 場所-へ 戻ってくる-［反復］すること（-［指定］）-［叙述］.）
（絶望するしかないところでスタートしては、またそこに戻ってくるのです）

　ところで、これらの形式と取り立て助詞（韓国語では補助詞、又は、特殊助詞）の結合では、興味深いズレが見られる。「テ」と「eoseo」や「go」の節は、「ハ」「モ」「ダケ」「コソ」及び「neun」「do」「man」「ya」などの限定を表す助詞によって取り立てられる

ことが可能であるが、条件の「テハ」、譲歩の「テモ」のような複合的な形式を作るのは、韓国語では「eo」だけである（ペク・ナクチョン 2003）。「eodo」（ても）と「eoya」がそれである。「*eoneun」は、「좋아는 한다 joh-a-neun ha-n-da」（好きだ-eo-neun する-［叙述］）（好きではある）、「먹어는 봤다 meog-eo-neun bw-ass-da」（食べる-eo-neun みる-［過去］-［叙述］）（食べてはみた）など合成語や補助動詞のレベルにしか見られず、複合的な形式を形成することもない。このように考えると、「テ」を「モ」及び「ハ」によって取り立てた「テモ」と「テハ」が平行的な関係にある（前田 1993）日本語と、「eodo」と「eoseoneun」がそのような関係にない韓国語とでは、根本的な違いがあることが分かる。条件を表す日韓の複合形式を対応させてみると次のようである。

表 18　条件を表す日韓の複合形式の対応

日本語	意味	韓国語
テモ	条件（譲歩）	eodo
－	条件（必須（譲歩））	eoya
テハ	条件	eoseoneun (/goneun/eoseoya/goseoneun/goseoya)
テハ	反復	goneun（/eoseoneun）

「テモ」と「eodo」は、譲歩条件形式化が進んで様々な用法に拡張している点で類似しており、それぞれの言語における用法の領域も比較的はっきりしていると考えられる。この「テモ」と「eodo」を、接続形式が取り立て助詞と結合し条件形式化する典型例と見なすなら、「テハ」はそれに沿った形をしているが、「eoseoneun」はそうではない。「eoseoneun」は、「eoseo-do」「eoseo-man」「eoseo-ya」などと並び、「eoseo」節が「neun」によって取り立てられている形で、「eodo」及び「eoya」のような一つの形式として固まった表現ではないのである。韓国語では、「goneun」「goseoneun」（否定の前件）「eoseoya」「goseoya」など、「（複合）接続形式＋（限定の）特殊助詞」の多様な形式が「eoseoneun」に代わり「テハ」の用法をカバーしていると言える。また、

「eoseoya」と「goseoya」は、否定的含意のない表現にも用いられる（(16)）*9。

(15) a. 돌아보지 않고는 나아갈 수 없다.
dolabo-ji anh-<u>goneun</u> naaga-l su eobs-da.
（振り返る-［否定］-<u>goneun</u> 進む-［不可能］-［叙述］.）
（(過去を) 振り返らなくては、(先へ) 進めない）

b. 환율을 모르고서는 경제의 이치를 알 수 없다.
hwanyul-eul moleu-<u>goseoneun</u> gyeongje-ui ichi-leul a-l su eobs-da.
（為替相場-を 知らない-<u>goseoneun</u> 経済-の 原理-を 知る-［不可能］-［叙述］.）
（為替相場を知らなくては、経済の原理が分からない）

c. 네덜란드 함대를 그냥 두고서는 영국 무역이 자랄 수 없다.
nedeollandeu hamdae-leul geunyang du-<u>goseoneun</u> yeonggug muyeog-i jala-l su eobs-da.
（オランダ 艦隊-を そのまま おく-<u>goseoneun</u> 英国 貿易-が 育つ-［不可能］-［叙述］.）
（オランダの艦隊をそのままおいていては、イギリスの貿易は成長できない）

(16) a. 이렇게 예뻐서야 어디 미워할 수 있겠어요?
ileohge yeppeo-<u>seoya</u> eodi miwoha-l su iss-gess-eoyo?
（こう 可愛い-<u>eoseoya</u> どこ 憎む-［可能］-［推量］-［丁寧］?）
（こんなに可愛くては、とうてい憎めないですよね）

b. 저렇게 정성이 지극하고서야 안 될 일이 없지.
(イ・ヒジャ／イ・ジョンヒ 2001)
jeoleohge jeongseong-i jigeugha-<u>goseoya</u> an doe-l il-i eobs-ji.
（ああ 精誠-が 至極だ-<u>goseoya</u>［否定］なる-［連体］こと-が ない-［主張］.）
（あんなに熱心では、成せないことはない）

以上、一先ず、「テハ」と「eoseoneun」の条件形式の体系における位置づけが異なっている点を指摘した。

3.2 「テハ」と「eoseoneun」の条件形式化の違い

ところで、(15) ～ (16) における多様な形式も、「eoseoneun」が用いられない反事実条件や一回性の確定的事態を表すことはない。本書では、韓国語は仮定的条件と確定的条件の境界が明確であることを見てきた。確定的な事態は「nikka」、「eossdeoni」など確定的条件形式が用いられる。さらに、「eoseoneun」は、先述通り、予測性・一般性の高い条件を表せない。一般的な予測条件の (17a) は、「人気や世論を重視する」聞き手に向かって忠告しているような文脈で、後件が「doeda」（なる）の否定形になっていることから、評価的用法を強調していると見ることもできる。(17b) も、「幻想や迷信を信じて頼ろうとする」聞き手に対して、アドバイスするような文脈であり、個別性がある。「eoseoneun」類の条件は、「goneun」による「否定-否定」の構造になってはじめて予測性・一般性の高い条件が表せると言える ((17c) (17d))。(17c) のように、否定の前件でどちらも可能な場合も、「eoseoneun」を用いた方が、「地元のことをあまり知らない」聞き手に向かって発しているというニュアンスがある。

(17) a. 이 엄혹한 선택의 시기에 거품 같은 인기나 여론에 급급해선 되는 일이 없을 것이다. (= (6a))

i eomhogha-n seontaeg-ui sigi-e geopum gateu-n ingi-na yeolon-e geubgeubha-eseon doe-neun il-i eobs-eul geosi-da.

(この 厳酷だ-［連体］選択-の 時期-に 泡 同じだ-［連体］人気-や 世論-に 汲々とする-eoseoneun なる-［連体］こと-が ない-［推量］-［叙述］.)

(こんなに厳しい選択の時期に、泡のような人気や世論に拘っていては、何にもならないだろう)

b. 환상이나 미신 따위를 믿고 의지해선 여지없이 낙오해요. (= (6c))

hwansang-ini misin ttawi-leul mib-go uijiha-eseon yeojieobsi nagohae-yo.

（幻想-や 迷信 など-を 信じる-［並列］頼る-eoseoneun 余地なく 落伍する-［丁寧］.）

（幻想や迷信などを信じて頼っていては、間違いなく取り残されますよ）

c. 자기 고장을 {모르고는/몰라서는} 세계를 안다 할 수 없다. (=(10))

jagi gojang-eul {**moleu-goneun**/mol-aseoneun} segye-leul an-da ha-l su eop-da.

（自分 地方-を {**知らない** -goneun/知らない-eoseoneun} 世界を 知る-［引用］言う-［不可能］-［叙述］.）

（地元が分からなくては、世界が分かると言えない）

d. 인생은 살아 보지 않고는 알 수 없다.

insaeng-eun sala bo-ji anh-goneun a-l su eobs-da.

（人生-は 生きる-［連用］みる-［否定］-goneun 知る-［不可能］-［叙述］.）

（人生は、生きてみなくては、分からないものだ）

また、(18)のように、前件のみに否定形がある予測条件は「myeon」で表すしかない。(18)の後件に「안 돼요」(an dwae-yo)（[否定]なる-[丁寧]）（ダメです）が来るなら、「eoseoneun」の容認度は上がることから、この文脈で話し手は、「myeon」の予測条件か、「eoseoneun」の評価的用法でしか表現できないと言える。

(18) 先生が出席なさらなくては、みんながっかりするでしょう。(=(5a))

(18') 선생님께서 출석 {*안 하셔서는/*안 하시고는/안 하시면} 다들 실망할 거예요.

seonsaengnim-kkeseo chulseog {*an ha-sy-eoseoneun/*an ha-si-goneun/an ha-si-myeon} da-deul silmangha-l geoy-eyo.

(先生-が（尊敬）出席{*[否定]する-[尊敬]-eoseoneun/*[否定]する-[尊敬]-goneun/[否定]する-[尊敬]-myeon}みんな-[複数]失望する-[推量]-[丁寧].)

　これまでの考察から、「テハ」と「eoseoneun」がズレなく対応するのは評価的用法のみであると言える。「eoseoneun」において、その他の用法は、評価的用法の拡張と言って差し支えなく、(18)のような普通の予測条件が表せないことや、後件に否定的な事態しか来ないという制約も、ここから生じるものと考えられる。ただし、評価的用法そのものは、慣用化・固定化しており、否定形をとらないなど「eoseoneun」の前件における統語的な制約はもはや生じないと言える。

(19) a. お酒は飲んでもいいが、煙草は吸ってはいけない。(=(5g))
　　 b. 事故があってはいけないので、道に信号をつけた。

　　　　　　　　　　　　　　　　　　　　　　　　　(前田2009)

(20) a. 환자는 절대 담배를 피워서는 안 된다.
　　　　hwanja-neun jeoldae dambae-leul piwo-seoneun an doe-nda.
　　　　(患者-は 絶対 タバコ-を 吸う-eoseoneun [否定] なる-[叙述].)
　　　　(患者は、絶対タバコを吸ってはいけない)
　　 b. 사정이 매우 중대하니 주도 면밀하게 하지 않아선 안 된다.
　　　　sajeong-i maeu jungdaeha-ni judo myeonmilhage ha-ji anh-aseon an doe-nda.
　　　　(事情-が 非常に 重大だ-[理由] 周到 綿密に する-[否定]-eoseoneun [否定] なる-[叙述].)
　　　　(事態が非常に重大なので、用意周到にしなくてはならない)

　反事実条件が表せない、予測性・一般性の高い条件を表せない、前件に否定形がある予測条件を表せないといった制約は、「eoseoneun」などの形式が仮定的条件の「myeon」の領域をカバ

ーできず、条件形式としての領域が確立していないことを示す。本章で取り上げた、条件の「eoseoneun」及びその周辺形式の用例は、後件に反語が来る場合を除くと、すべて「myeon」に置き換えることができる。言い換えると、「myeon」の一部の用法に、「eoseoneun」独自の意味合いが加えられたのが「eoseoneun」の条件なのである。

「myeon」と異なる「eoseoneun」の意味とは、個別的・具体的・確実的・現場的で、より聞き手に焦点が当たった事態を取り上げることである*10。評価的用法の文末表現（「eoseoneun an doeda」（eoseoneun［否定］なる）（〜てはならない））を除いて、「eoseoneun」の前件が否定をとりにくく、否定形は「goneun」をとりやすいということも、この観点から説明できる。発話時における聞き手の行為や状態を取り上げ、それと依存関係にある否定的な事態を述べる場合において、前件を否定形にしてしまうと、どうしても「〜なくては〜ない」といった評価的な表現になってしまい、普遍的な条件になってしまうのである。評価的用法以外に、最も「テハ」に近い「eoseoneun」の用法は、(21)のような事実的仮説条件に用いられる場合であると言える。後件はどうしても否定的になってしまうが、「eoseoneun」の個別性、具体性、現場性をよく示しているものと見ることができる。

(21) 이렇게 해서는 밤을 새워도 결론이 안 나겠네. (= (6b))
ileoh-ge ha-eseoneun bam-eul saew-odo gyeollon-i an na-gess-ne.
(こうだ-［副詞］する-eoseoneun 夜-を 明かす-［逆接］結論-が［否定］出る-［推量］-［気づき］.)
(こんなことをしていては、夜を明かしても結論が出そうにないな)

このような「eoseoneun」における個別性は、「テハ」条件に関する先行研究の指摘と相通ずるところがある。塩入(1993)は、「テハ」が「話し手の確実な知識」を取り上げるとし、有田(2007)も「テハ」は「定義的属性が明らかな知識」を要求すると述べているが、これらの特徴は「eoseoneun」の中枢意義の一つと

言える。

　「テハ」の評価的用法そのものに関しても、他の条件形式とは区別される特徴がある。「バ」や「ト」など一般性が高い条件形式においては、「なければならない」「ないといけない」のように一般的な当為を表すものや、「ばいい」「といい」のような許容を表す使用が見られるが、「テハ」は、もっぱら「てはいけない」と禁止を表す表現に固定化し、否定の述語の後では当為を表す場合もあるが、それでも具体的で現場的な特徴を引き継いでいると考えられる。これは「テハ」の特徴をよく示しており、「たらいけない」「たらいい」がどうしても個別的になってしまうことや、「*ならいけない」が成立しないことと並行的であると言うことができる。「eoseoneun」に関しても、同様のことが言える。

　いずれにせよ、「eoseoneun」の有する様々な制約を、「テハ」はほとんど持たず、かなり広い条件領域をカバーしていると言える。「eoseoneun」などが「myeon」の中心的な条件領域に入り込むことができず、多様な接続形式が「neun」によって取り立てられることで、ある程度の条件的な意味を表しているとするなら、「テハ」は、多様な意味を有する単一形式の「テ」が「ハ」と結合し、完全ではないものの、独自の条件領域を形成（文法化）しながら条件用法を拡張させているものと考えることができる*11。

4．第8章のまとめ

　第8章では、「テハ」と「eoseoneun」の表す条件を対照分析し、両形式の共通用法から考察した。「テハ」と「eoseoneun」は、文末の評価的用法を除けば、個別的・具体的・確実な前件を取り上げ、対比的な後件の事態を述べるという共通の用法を有すると言える。しかし、独自の条件領域を構築しつつある「テハ」とは違って、「eoseoneun」は、反事実条件が表せない、一回性の事実的事態が表せない、否定的な含意の表現しかできない、などの制約があり、条件形式として定着していないことを確認した。その違いの裏には、「テ」と、韓国語の対応形式の間のズレが存在する。特に、「テハ」、

「テモ」、「eodo」、「eoya」の成立とは異なる「eoseoneun」の成り立ちは、条件形式としての文法化を遅らせる要因となっていると言える。

「*eoneun」が以上の条件形式群から抜けてしまった経緯については、歴史的な考察など多様なアプローチが必要であろうが、本書では次のように考える。「eo」と「eoseo」は、原因を表す用法において互いに語用論的連続性を有するが、条件用法を構成する際に、「eoseo」節の方がより確実な事態を表すことから、「neun」によって取り立てられることができたと考えられる。同じように、「ハ」で取り立てられる「テ」節は「eoseo」のように確実な事態を表すものと考えられる。要するに、「テハ」の「テ」は「eo」ではなく「eoseo」である。このことと関連して、有田（2007: 185）は「条件的テハ節が、状態形を取らなくても既定命題を表しうるのは、テ形の持つ［＋完了］の意味特性によるもの」としており、本書の主張を裏付けている。「テハ」と「eoseoneun」の条件においては、「ハ」と「neun」の対比性が条件性を、「テ」と「eoseo」が確実性を与えているのである。

このような考え方は、前章で取り上げた「テモ」と「eodo」にも適用できる。「neun」と違って、「do」（も）は「eo」と結合し*12、譲歩条件形式を作っている。譲歩条件の場合、事態間の依存関係の否定から認識間の依存関係の否定につながる広い範囲の逆説性を表すことができることを見たが、これらの原点は（少なくとも「eodo」の場合）、事態間の逆説性にあると考えられる。「eo」は「eoseo」と違って、前件をより概念的な事態として捉え、後件につなげる意味を有することから、「eodo」では、事態間の逆説性が、語用論的な拡張によって、認識間の逆説性まで表すようになったと考えられるのである。このことは「テモ」に関しても言えるのではないだろうか。「テモ」の「テ」は、確実性のない「eo」なのである。このことは、「テハ」が前件を確実な事態として捉える用法を発達させ、徐々に確実性を必要としない用法（予測条件）へと拡張していると見られるのに対し、「テモ」は、事態間の逆説性がより確立されていて、例えば「eoya」の表すような用法にまでは

拡張していないという方向性の違いからも裏付けられる。「テハ」も「テモ」も、「テ」の多様な意味が表面に現れていないが故に、「eoseodo」や「eodo」より語用論的拡張が容易だったと考えられる。

---

*1　前田（2009）の用語をそのまま使っている。なお、⑧については、「loseoneun」（としては）、「e ddalaseoneun」（によっては）など韓国語にも対応表現があるが、本章では取り上げない。

*2　ただし、(5a) の例そのものは「eoseoneun」に訳すと不自然である。これは、前件の否定によるが、詳しくは後述する。

*3　(5e) そのものは、非過去の場合と同様、「사지 않고는 sa-ji anh-goneun」（買う－［否定］–goneun）（買わなくては）のように「goneun」に対応する。

*4　「없다 eobsda」（ない・いない）は「?? 없고는 eobs-goneun」の形が用いられにくく、その代わりに「없이는 eobsi-neun」（なく（副詞）–neun）（なしでは）という形が用いられる。

*5　現在（非過去）における当為の条件も新しいカテゴリーとして立てることも可能である。現在の用法に関しては大きな日韓のズレが見られないので、ここでは評価的用法としてまとめておき、次節で少し詳しい説明を加えることにする。

*6　「myeon」は、「ト」「タラ」とは違い、継起など確定的条件を表さないことを思い出してほしい。本書では、確定的条件の継起には「nikka」「deoni」「eossdeoni」「ja」などが、理由には「nikka」が用いられることを見た。

*7　(13) の「テハ」文を韓国語にすると仮定的条件の「myeon」ではなく、確定的条件の「nikka」などになりやすい。(13c) は、後述の「eoseoya」文にするなら容認度が少し上がるが、後件に「不思議ではない」という否定があるためと思われる。

*8　本書の第4章で論じた「nikka」の用法と区別するため、「テ」の用法を「理由」ではなく「原因」と示す。

*9　「eoya」の後件に反語などが来やすいことをすでに見たが、助詞「ya」によって取り立てられる「eoseoya」、「goseoya」なども同じ特徴を有する。「eoya」とは違って、これらは、反語という表現的な特徴を除けば、意味的には「テハ」に対応する。

*10　この意味合いは、「eoseoya」や「goseoya」からも読み取ることができることから、「seo」の存在と関係がある可能性がある。「seo」は、自立性はないが、「eoseo」、「eseo」（で）など、語尾や助詞の一部になって新しい単語を作る。任洪彬（1975）は、「seo」に「存在」の意味があり、「eoseo」の先行部分は「eo」のそれより具体的であると述べている。徐泰龍（1988）、ペク・ナクチョン（2003）なども、「seo」が存在を表す動詞から文法化していることを示

し、構文的に存在の意味が残っていると指摘している。原因を表す場合と違って、継起を表す「eoseo」が「eo」に置き換えられないことも、このような「seo」の意味から説明される。

*11 塚本（2006）、堀江・塚本（2008）では、日本語と韓国語の様々な現象を文法化の観点から対照分析し、韓国語に比べ日本語の方が、文法化が進んでいると指摘している。特に、堀江・塚本（2008: 5）は、「日本語は一つの形式に複数の意味を対応させるという多義性（多機能性）の傾向が朝鮮語よりもより顕著に観察される」としているが、本章の「テハ」と「eoseoneun」を含め、「ナラ」と「damyeon」などの条件形式に関してはそのように言えるのかもしれない。ところが、「バ」と「myeon」が中核をなす予測条件の場合、「myeon」の方に多義性があり、日本語の形式の方がより細かく分化していることから、過度な一般化には注意が必要であろう。

*12 「do」は「eoseo」にも付く（「eoseodo」）が、継起の「eoseo」が「do」によって取り立てられたものとされる。「eoseodo」も譲歩条件の意味を有するが、より継起的な意味を持つ（下記の例参照）。ところが、継起性も結局、確実性の別の実現形であり、確実性のある原因と継起は、連続していると言える。(cf. 결혼해서도 계속 행복할까요？ gyeolhonha–eseodo gyesog haengbogha–lkka–yo?（結婚する –eoseodo 継続 幸福だ–［疑問］–［丁寧］?）（結婚しても、引き続き幸せでしょうか））

第9章
結論

　本書では、日本語と韓国語の条件表現を総合的に把握するため、それぞれの言語が有する条件カテゴリー間の連続について対照分析した。条件カテゴリー間の連続は、語用論的連続性によって生じ、そのメカニズムは日韓でズレがあることを確認した。本書を通じ、図1で示した、日韓共通の条件カテゴリーからなる、仮定的条件の主題から確定的条件の理由につながる条件表現の連続体を一通り概観し、日韓それぞれに特徴的な形式を取り上げるとともに、譲歩条件や文の接続に関する問題に触れ、より深度のある分析を行った。各章の結論を簡単にまとめると次の通りである。

　第1章では、予測条件(「バ」「myeon」)と前提条件(「ナラ」「damyeon」)が、日本語でも韓国語でも連続しているが、その連続のメカニズムは異なることを論じた。仮定的条件の中心的な意味である予測性と前提性が、各形式によってどのように表れるかを観察した結果、日本語は予測性の高い予測条件で「バ」が、韓国語は前提性の高い前提条件で「damyeon」が用いられやすい一方、日本語は前提性が低くても「ナラ」が用いられ、韓国語では予測性が低くても「myeon」が用いられるという対称的な現象が見られた。予測性と前提性はそれぞれ、「バ」「myeon」、「ナラ」「damyeon」の中枢意義であるが、「バ」と「damyeon」はその中枢意義を固く維持しようとする傾向がある一方、「ナラ」と「myeon」はあまり制約がなく、「バ」と「damyeon」の領域まで広く用いられることから、日韓のズレが生じることを見た。各形式が有する予測性と前提性の度合いは、予測性は「バ」＞「myeon」、前提性は「ナラ」＜「damyeon」のように示すことができる。このうち、「damyeon」は最も制約が強く、条件形式としての文法化が進んでいないと見ることができる。

第2章では、前提条件と主題の間の連続について論じた。特に、名詞に続く「ナラ」と「damyeon」が、典型的な前提条件から主題表現に連続していくメカニズムを解明するのに焦点を当てた。統語上の前提性を維持する傾向が強い「damyeon」と、前提性が薄れやすい「ナラ」の特徴は主題への連続にもそのまま当てはまり、「ナラ」の方が、言語化されていない部分を前提的に取り上げることで、独自の主題用法に拡張していくのを見た。

　第3章では、予測条件と継起の連続について論じた。特に、「タラ」がどのように仮定的条件と確定的条件を表せるようになるかに焦点を当て、韓国語の場合と対照分析した。その結果、「タラ」は、固有の特徴である個別性が故に、仮定的条件と確定的条件を表せるが、韓国語では仮定的条件と確定的条件が形式によって明確に区分されることを確認した。この章では、「タラ」の継起用法を概観しながら、「nikka」「eossdeoni」「deoni」「ja」など韓国語の多様な対応形式を取り上げた。

　第4章では、継起と理由の連続について論じた。特に、様々な継起用法を有する「タラ」が理由表現に拡張されないのに対し、「nikka」は理由表現に拡張していくのを見た。「タラ」も「nikka」も継起性を有することから継起用法を表すが、「タラ」の継起性は物理的な時間の流れに沿った事態間の継起を、「nikka」は話者の認識の流れに沿った、事態に対する認識間の継起をそれぞれの本質としていることから、「タラ」は継起的な仮定的条件と確定的条件に、「nikka」は確定的条件の継起と理由にまたがる用法を有することを指摘した。

　第5章では、日本語の特徴的な形式である「ト」を取り上げ、本書の枠組みで再考察した。「ト」は、「タラ」と同様、仮定的条件と確定的条件のどちらの用法も有する。「ト」は仮定的条件では、予測性・一般性の高い条件を表すが、前提性のある条件には用いられないことから、仮定的条件形式としては不完全であることを指摘した。「ト」の確定的条件用法は継起であるが、継起用法を対照的に分析した結果、「ト」は、「nikka」「eossdeoni」「deoni」のような状況性は持たず、単純継起を表すことを確認した。これは「ja」の

特徴でもあるが、「ja」は「ト」と違って仮定的条件には用いられず、韓国語では、仮定的条件と確定的条件の境界が明確であることを再度確認した。

　第6章では、韓国語の特徴的な形式である「eoya」を取り上げた。「eoya」は、仮定的条件の順接条件と譲歩条件（逆接条件、逆条件）の用法を有する珍しい形式であるが、本書ではそれを可能にする「eoya」独自の意味の解明に焦点を当てた。「eoya」は、仮定的条件の因果関係を表しながら、事態に対する話し手の心的態度を示すことを中枢意義としている。本書ではこの意味を必須性と呼んだ。必須性は、条件の論理的な意味より話し手の心的態度にかかわるモダリティ的な意味で、「eoya」が順接条件用法と譲歩条件用法を同時に有することができるのは、必須性によるものと指摘した。

　第7章では、「テモ」「eodo」「eoya」を取り上げ、譲歩条件の逆説性について論じた。譲歩条件の逆説性については、事態間の依存関係を否定する場合と聞き手の期待を否定する、即ち、認識間の依存関係を否定する場合があることを確認した。「テモ」はこれらの譲歩条件に広く用いられるが、必須性に基づいた「eoya」の極端にモダリティ的な用法には用いられないことを見た。一方、「eodo」は「テモ」よりも、事態間の依存関係を示す用法に傾いており、「テモ」と「eodo」を単純比較すると、「テモ」の方がより広い譲歩条件をカバーしていると言える。韓国語では、「eodo」はより中立的な譲歩条件、「eoya」はよりモダリティ的な譲歩条件にと、形式が分化していると言うことができる。

　第8章では、「テハ」条件と韓国語の対応表現を対照分析した。「テハ」と、対応形式の「eoseoneun」の共通用法を概観した後、相違点を分析しながら、「テハ」条件の意味を確認した。「テハ」と「eoseoneun」は、個別的・具体的・確実な前件を取り上げ、対比的な後件の事態を述べるという共通の用法を有するが、「テハ」は独自の条件形式へと文法化が進んでいるのに対し、「eoseoneun」はそうでないことを指摘した。そのズレの要因として、「テ」と「eo」「eoseo」「go」の対応関係のズレを示し、これらの接続表現が「ハ」や「neun」などによって取り立てられ条件形式化するメ

カニズムが異なることを明らかにした。

　本書では、主に二つの条件カテゴリー間の語用論的連続性を中心に考察し、その連続性が連鎖的につながっていくことを見た。語用論的連続性そのものは、二つのカテゴリー間でのみ起こるものではなく、さらに、より広い文法カテゴリーや文レベルでも適用できる概念であると言える。語用論的連続性とは、結局、特定の発話文脈において、話し手による事態の把握と表現意図がどこまで広がり得るかという問題と関わっているのである。以下のような発話文脈では、本書で取り上げた複数の条件カテゴリー間に語用論的連続性が生じており、条件カテゴリーが互いに近接していることが分かる（（　）内は日本語形式の基本カテゴリー、［　］内は韓国語形式）。

(1) A: 顔にブツブツできているんですよ。
　　 B: （顔を観察して）便秘ある？
　　 A: 便秘は、ないと思います。
　　 B: 毎日出している？
　　 A: 毎日ではないですけど、2、3日に一回は出していると思います。
　　 B: 毎日出さなければ便秘だよ。（予測）［myeon］
　　 　 毎日出さなかったら便秘だよ。（個別）［myeon］
　　 　 毎日出さないと便秘だよ。（単純継起）［myeon］
　　 　 毎日出さない（の）なら便秘だよ。（前提）［damyeon］
　　 　 毎日出さないのは便秘だよ。（主題）［neun］
　　 　 毎日出してないから便秘だよ。（理由）［nikka］
　　 　 毎日出す-［eoya］便秘じゃないのよ。（必須）［eoya］
　　 　 毎日出さなくては、美肌は作れないよ。（確実）［eoseoya］

　本書で取り上げた場合以外にも、様々な方向で条件カテゴリー間の連続性が生じ得る（「ナラ」と「タラ」、「カラ」と「テ」、「nikka」と「eoseo」など）。また、本書では副次的な論点として取り上げた、各条件の逆接条件も、各言語における不可欠な条件表

現であり、図1の全体像は、現実にはさらに複雑な有機体になっていると言える。本書の議論は、その一部を描いたものに過ぎない。

参考文献

網浜信乃(1990)「条件節と理由節―ナラとカラの対比を中心に―」『待兼山論叢日本学篇』24、大阪大学文学部、19-38
有田節子(1992)「日本語における条件と主題の融和について」『KLS』12、関西言語学会、110-119
有田節子(1993a)「日本語の条件文と知識」益岡隆志編『日本語の条件表現』くろしお出版、41-71
有田節子(1993b)「日本語条件文研究の変遷」益岡隆志編『日本語の条件表現』くろしお出版、225-278
有田節子(1999)「プロトタイプから見た日本語の条件文」『言語研究』115、日本言語学会、77-108
有田節子(2006a)「条件表現研究の導入」益岡隆志編『条件表現の対照』くろしお出版、3-27
有田節子(2006b)「時制節性と日英語の条件文」益岡隆志編『条件表現の対照』くろしお出版、127-150
有田節子(2007)『日本語条件文と時制節性』くろしお出版
有田節子(2008)「あなたがそう言うから/なら別れることにするわ―理由も条件も同じコインの裏表」『言語』37-10、大修館書店、76-83
有田節子(2013)「現代日本語文法における認識的条件文の位置づけ」『日本語文法学会第14回大会発表予稿集』、日本語文法学会、42-49
庵功雄(2001)『新しい日本語学入門 ことばのしくみを考える』スリーエーネットワーク
井黒玲(2009)「日本語の条件表現「タラ」と「バ」の使い分けの一考察」『富山大学国語教育』34、富山大学国語教育学会、26-19
池上嘉彦(1981)『「する」と「なる」の言語学』大修館書店
伊藤勲(2005)『条件法研究―いわゆる接続助詞をめぐって―』近代文芸社
井上和子(2007)「日本語の主文のモーダリティと条件節」『Scientific approaches to language』6、神田外語大学、39-73
井上優(2002)「「言語の対照研究」の役割と意義」『日本語と外国語の対照研究10 対照研究と日本語教育』くろしお出版、3-20
井上優(2004)「「主題」の対照と日本語の「は」」益岡隆志編『シリーズ言語対照〈外から見る日本語〉5 主題の対照』くろしお出版、215-226
泉原省二(2007)『日本語類義表現使い分け辞典』研究社
今泉喜一(2003)「複文(1)条件表現(1)」『日本語構造伝達文法 発展A』揺籃社、69-116
今尾ゆき子(2006)「バ条件文の事実的用法」『福井大学留学生センター紀要』1、福井大学、1-14

岩男孝哲（2008）「最近の若者ときたら…」『言語』37-10、大修館書店、52–59

大橋浩（1997）「条件節と理由節の交替をめぐって」『産業医科大学雑誌』19（2）、産業医科大学、185–192

生越直樹（1987）「日本語の接続助詞「て」と朝鮮語の連結語尾 {a} {ko}」『日本語教育』62、日本語教育学会、91–104

北条淳子（1964）「条件の表し方」『日本語教育』4・5、日本語教育学会、73–80

吉良文孝（1997）「モダリティと条件文および理由文との交替について」『英文学論叢』45、日本大学大学院英語英文学研究会、33–50

金慶珠（2001）「談話構成における母語話者と学習者の視点―日韓両言語における主語と動詞の用い方を中心に―」『日本語教育』109、日本語教育学会、60–69

金慶恵（2009）「日本語と韓国語の条件表現の対照研究」、首都大学東京人文科学研究科、日本語教育学博士論文

金恩愛（2003）「日本語の名詞志向構造（nominal-oriented structure）と韓国語の動詞志向構造（verbal-oriented structure）」『朝鮮学報』188、朝鮮学会、1–83

金智賢（2014）「仮定条件の仮定性と前提性について―日韓対照研究―」『日本言語学会第149回大会予稿集』日本言語学会、172–177

金智賢（2015a）「条件と主題の語用論的連続性について―日韓対照研究―」『日本言語学会第151回大会予稿集』日本言語学会、104–109

金智賢（2015b）「継起と理由表現の語用論的連続性に関する日韓対照研究」『한국일어일문학회 2015년 동계국제학술대회 발표논문집』韓國日語日文學會、98–104

金智賢（2016a）「条件と継起の連続性に関する日韓対照研究」第247回朝鮮語研究会発表論文

金智賢（2016b）「「ト」条件節について―韓国語との対照研究―」『한국일어일문학회 2016년 하계국제학술대회 발표논문집』韓國日語日文學會、97–103

金智賢（2016c）「「―어야」構文について―「必須条件」の日韓対照研究―」第3回朝鮮語教育学会・朝鮮語研究会合同大会発表論文

金智賢（2016d）「譲歩条件の「逆説性」について」―「ても」と「―어야」を中心に―」『韓国日本言語文化学会　日本文教大学　中国北京外国語大学共同開催　2016年度秋季国際学術大会発表論文集』JLC韓国日本言語文化学会、88–93

金智賢（2016e）『日韓対照研究によるハとガと無助詞』ひつじ書房

久野暲（1973）『日本文法研究』大修館書店

クランシー、パトリシャ・M（2007）「「拘束義務」条件文と「望ましさ」―大人が子供に使う言葉の構造と社会化―」『言語学の諸相―赤塚紀子教授記念論文集―』くろしお出版、14–17

黒島規史（2016）「現代朝鮮語の逆条件を表す「副動詞＋とりたて」」『日本言語学会第153回大会予稿集』日本言語学会、170–175

小泉保（1987）「譲歩文について」『言語研究』91、日本言語学会、1–14

小林賢次（1996）『日本語条件表現史の研究』ひつじ書房
国立国語研究所（1981）『日本語教育指導参考書5　日本語の文法（下）』大蔵省印刷局
阪倉篤義（1958）「条件表現の変遷」『国語学』33、日本語学会、105–115
坂原茂（1985）『日常言語の推論』東京大学出版会
坂原茂（1993）「条件文の語用論」益岡隆志編『日本語の条件表現』くろしお出版、185–201
定延利之（2006）「資源としての現実世界」益岡隆志編『条件表現の対照』くろしお出版、195–215
塩入すみ（1993）「『テハ』条件文の制約について」『阪大日本語研究』5、大阪大学日本語学研究室、67–81
鈴木重幸（1972）『日本語文法・形態論』むぎ書房
鈴木義和（1993）「ナラ条件文の意味」益岡隆志編『日本語の条件表現』くろしお出版、131–148
鈴木義和（1994）「条件表現各論―バ／ト／タラ／ナラ―」『日本語学』13-9、明治書院、81–91
鈴木義和（2015）「事実的条件文について」『神戸大学文学部紀要』42、神戸大学文学部、27–46
徐珉廷（2013）『〈事態把握〉における日韓話者の認知スタンス―認知言語学の立場から見た補助動詞的な用法の「ていく／くる」と「e kata/ota」の主観性―』ココ出版
ソルヴァン、ハリー・前田直子（2005）「「と」「ば」「たら」「なら」再考」『日本語教育』125、日本語教育学会、28–37
高梨信乃（1995）「非節的なＸナラについて」仁田義雄編『複文の研究（上）』くろしお出版、167–187
高橋太郎（1993）『動詞九章』ひつじ書房
田窪行則（1993）「談話管理理論から見た日本語の反事実的条件文」益岡隆志編『日本語の条件表現』くろしお出版、169–183
田窪行則（2006）「日本語条件文とモダリティ」京都大学博士論文
田窪行則（2008）「日本語の条件文と反事実解釈」『日本文化研究』28、東アジア日本学会、21–46
田中寛（1985）「条件表現における提題化機能」『日本語教育』57、日本語教育学会、95–115
田中寛（1994）「条件表現と基本文型」『日本語学』13-9、明治書院、60–72
塚本秀樹（2006）「言語現象と文法化―日本語と朝鮮語の対照研究―」『日本語と朝鮮語の対照研究』東京大学21世紀COEプログラム「心とことば―進化認知科学的展開」研究報告書、27–61
角田三枝（2004）『日本語の節・文の連接とモダリティ』くろしお出版
角田三枝（2007）「テ形接続と接続表現のシ：「節連接とモダリティの階層」との関係」、成城文藝199、成城大学、88–72
坪本篤朗（1993）「条件と時の連続性―時系列と背景化の諸相―」益岡隆志編『日本語の条件表現』くろしお出版、99–130
寺村秀夫（1991）『日本語のシンタクスと意味Ⅲ』くろしお出版

戸村佳代（1988）「条件を表さない「タラ」について」『筑波大学留学生教育センター日本語教育論集』3、筑波大学、1–14

豊田豊子（1979）「接続助詞「と」の用法と機能（Ⅲ）―後件の行われる時を表す「と」―」『日本語学校論集』6、東京外国語大学外国語学部附属日本語学校、92–110

豊田豊子（1983）「接続助詞「と」の用法と機能（Ⅴ）」『日本語学校論集』10、東京外国語大学国語学部附属日本語学校、1–24

中島悦子（2007）『条件表現の研究』おうふう

中野友理（2005）「ナラとノナラ」『北海道大学留学生センター紀要』9、北海道大学、22–38

中俣尚己（2007）「日本語並列節の体系―「ば」・「し」・「て」・連用形の場合―」『日本語文法』7–1、日本語文法学会、20–35

名嶋義直（2000）「条件表現に関する日韓対照一考察」『小出記念日本語教育研究会論文集』8、小出記念日本語教育研究会、69–81

奈良夕里枝（2006）「韓国語条件表現－으면– umyen, －거든– ketun, －어야– eya―事態の個別性とレアリティー」益岡隆志編『条件表現の対照』くろしお出版、65–82

西光義弘（2006）「条件表現とは何か？」益岡隆志編『条件表現の対照』くろしお出版、217–226

西山佑司（2003）『日本語名詞句の意味論と語用論―指示的名詞句と非指示的名詞句―』ひつじ書房

仁田円（2003）「条件形式化する原因・理由形式についての記述的考察」『大阪産業大学論集人文科学編』109、45–58

仁田義雄（1987）「条件づけとその周辺」『日本語学』6-9、明治書院、13–27

仁田義雄（1995）「シテ形接続をめぐって」『複文の研究（上）』くろしお出版、87–126

仁田義雄（2006）「条件表現と叙述世界のタイプ」益岡隆志他編『日本語文法の新地平3 複文・談話編』くろしお出版、25–47

日本語記述文法研究会（2008）『現代日本語文法6 複文』くろしお出版

日本語記述文法研究会（2009）『現代日本語文法5 とりたて・主題』くろしお出版

丹羽哲也（1993）「仮定条件と主題、対比」『国語国文』62-10、京都帝国大学国文学会、19–33

野田尚史（1995）「文の階層構造からみた主題ととりたて」『日本語の主題と取り立て』くろしお出版、1–33

蓮沼昭子（1987）「条件文における日常的推論―「テハ」と「バ」の選択要因をめぐって」『国語学』150、日本語学会、1–14

蓮沼昭子（1993）「「たら」と「と」の事実的用法をめぐって」益岡隆志編『日本語の条件表現』くろしお出版、73–97

蓮沼昭子・有田節子・前田直子（2001）『日本語文法セルフマスターシリーズ7 条件表現』くろしお出版

日高水穂（2008）「そこに車を止めればダメです―標準語と方言の意味のずれ」『言語』37-10、大修館書店、44–51

藤井聖子（2002）「所謂「逆条件」のカテゴリー化をめぐって―日本語と英語の分析から―」生越直樹編『対照言語学』東京大学出版会、249–280

藤井聖子（2012）「条件構文をめぐって」澤田治美編『ひつじ意味論講座　構文と意味』ひつじ書房、107–131

堀江薫・塚本秀樹（2008）「日本語と朝鮮語における文法化の対照研究の現状と課題」『日本語と朝鮮語の対照研究Ⅱ』東京大学21世紀COEプログラム「心とことば―進化認知科学的展開」研究報告書、3–18

前田直子（1991）「条件文分類の一考察」『日本語学科年報』13、東京外国語大学、55–80

前田直子（1993）「逆説条件文「～テモ」をめぐって」益岡隆志編『日本語の条件表現』くろしお出版、149–167

前田直子（1995）「バ、ト、ナラ、タラ―仮定条件を表す形式―」宮島他編『日本語類義表現の文法（下）』くろしお出版、483–495

前田直子（2009）『日本語の複文　条件文と原因・理由文の記述的研究』くろしお出版

益岡隆志（1993a）『24週日本語文法ツアー』くろしお出版

益岡隆志（1993b）「日本語の条件表現について」益岡隆志編『日本語の条件表現』くろしお出版、1–20

益岡隆志（1993c）「条件表現と文の概念レベル」益岡隆志編『日本語の条件表現』くろしお出版、23–39

益岡隆志（1995）「時の特定、時の設定」仁田義雄編『複文の研究（上）』くろしお出版、149–166

益岡隆志（2004）「日本語の主題―叙述の類型の観点から―」益岡隆志編『シリーズ言語対照〈外から見る日本語〉5　主題の対照』くろしお出版、3–17

益岡隆志（2006）「日本語における条件形式の分化―文の意味的階層構造の観点から―」益岡隆志編『条件表現の対照』くろしお出版、31–46

益岡隆志（2013）『日本語構文意味論』くろしお出版

益岡隆志・田窪行則（1992）『基礎日本語文法―改訂版―』くろしお出版

松尾勇（1997）「朝鮮語の接続語尾－더니について」国立国語研究所編『日本語と外国語との対照研究Ⅳ 日本語と朝鮮語下巻研究論文編』くろしお出版、83–102

宮部真由美（2010）「現代日本語の条件文の分析のための一考察―「～と」「～たら」「～ば」「～なら」を中心に―」『文学部紀要』23-2、文教大学文学部、99–148

山口尭二（1994）「条件表現の起源」『日本語学』13-9、明治書院、18–25

山梨正明（1994）「条件文の表現機能と言葉の認識」『日本語学』13-9、明治書院、4–17

油谷幸利（2002）「誤訳に基づく日韓対照研究」、『言語文化』5-1、同志社大学言語文化学会、75–92

강위규［カン・ウィギュ］（1982）「이음씨끝‘－아도’의 의미 분석」『國語國文學』18–19, 부산대학교 국어국문학과, 195–212

고영근［コ・ヨングン］（2006）『개정판 표준 중세국어문법론』집문당

고영근・구본관 [コ・ヨングン／ク・ボングァン] (2008)『우리말 문법론』집문당
고영진 [コ・ヨンジン] (1997)『한국어의 문법화 과정 - 풀이씨의 경우 - 』국학자료원
고은숙 [コ・ウンスク] (2006)「근대국어 연결어미의 기능 연구」『우리어문연구』27, 우리어문학회, 7-45
구종남 [ク・ジョンナム] (1998)「접속어미 ' - 어야'의 이중적 의미 기능」『國語文學』33, 국어문학회, 29-51
구현정 [ク・ヒョンジョン] (1989a)「현대 국어의 조건월 연구」건국대학교 대학원 국어국문학과, 박사학위논문
구현정 [ク・ヒョンジョン] (1989b)「조건과 주제」『언어』14, 한국언어학회, 53-75
구현정 [ク・ヒョンジョン] (1989c)「조건월의 화행」『국어학』19, 국어학회, 453-472
구현정 [ク・ヒョンジョン] (1996)「조건씨끝의 연구사」김승곤 엮음『한국어 토씨와 씨끝의 연구사』도서출판 박이정, 199-229
구현정 [ク・ヒョンジョン] (1998)「조건의 의미에 관한 인지적 접근 - 인접 범주와의 관련성을 중심으로 - 」『語文學研究』7, 祥明大學校語文學研究所, 91-122
권재일 [クォン・ジェイル] (1985)『국어의 복합문 구성 연구』집문당
권재일 [クォン・ジェイル] (1988)「접속문 구성의 변천 양상」『언어』13-2, 한국언어학회, 493-515
권재일 [クォン・ジェイル] (1998)『한국어 문법사』박이정
권재일 [クォン・ジェイル] (2012)『한국어 문법론』태학사
김승곤 [キム・スンゴン] (1981)「한국어 연결형 어미의 의미 분석 연구 Ⅰ」『한글』173, 174, 한글학회, 35-64
金泳喆 (1982)「條件文에 관한 硏究」『어학』9, 全北大學校 語學研究所, 59-75
김영희 [キム・ヨンヒ] (1987)「국어의 접속문」『국어생활』11, 국어연구소, 56-66
김은희 [キム・ウンヒ] (1996)「조건형식과 수행문」『국어학』28, 국어학회, 277-300
김정란 [キム・ジョンラン] (2010a)「한국어 주제문과 조건문의 분석과 표상」『언어과학』17-2, 한국언어과학회, 1-20
김정란 [キム・ジョンラン] (2010b)「포함관계와 역포함관계: 한국어의 ' - 는', ' - 면', ' - 만'과 ' - (어)야'의 분석」『언어와 정보사회』13, 서강대학교 언어정보연구소, 19-35
김진수 [キム・ジンス] (1983)「가정・조건문과 원인・이유문 고찰」『語文研究』12, 충남대학교 문리과대학 어문연구회, 71-98
남기심 [ナム・ギシム] (1980)「연결어미 " - 고"에 의한 접속문에 대하여」第1會『韓國學國際學術會議論文集』韓國精神文化研究會, 852-868
남기심・고영근 [ナム・ギシム／コ・ヨングン] (1993)『표준국어문법론 개정판』탑출판사

남기심・루코프［ナム・ギシム／ルコフ］（1994），「論理的 形式으로서의'－니까'구문과'－어서'구문」고영근・남기심편『국어의 통사・의미론』탑출판사，2-27

리의도［リ・ウィド］（1990）『우리말 이음씨끝의 통시적 연구』어문각

명정희［ミョン・ジョンヒ］（2015）「접속어미'－으면'의 의미와 시제 해석」『한국어학』67，한국어학회，105-146

문순표［ムン・スンピョ］（2009）「추론적 제약표지'－거든'」『언어연구』25: 4，한국현대언어학회，709-729

박승윤［パク・スンユン］（1988）「국어의 조건문에 관하여」『언어』13: 1，한국언어학회，1-14

박영순［パク・ヨンスン］（1994）「접속문의 성립조건과 접속성의 정도에 대하여」『언어』19: 2，한국언어학회，407-429

박영순［パク・ヨンスン］（2007）『한국어 화용론』박이정

박진희［パク・ジニ］（2014）「절 접속의 의미와 통사」『한국어 어미의 문법』역락

백낙천［ペク・ナクチョン］（2003）『국어의 통합형 접속어미』도서출판 월인

서정섭［ソ・ジョンソプ］（1991）「국어 양보문 연구」全北大學校 大學院 國語國文學科，博士論文

서정수［ソ・ジョンス］（2005）『한국어의 부사』서울대학교출판부

서정수［ソ・ジョンス］（2006）『국어문법』한세본

徐泰龍（1988）『國語 活用語尾의 形態와 意味』國語學叢書13，國語學會，塔出版社

徐希姃（2015）「'（이）라면'，'같으면'，'하면'의 助詞化 研究」『語文研究』43-2，한국어문교육연구회，151-177

성낙수［ソン・ナクス］（1978）「이유, 원인을 나타내는 접속문 연구 (2)」『한글』162，한글학회，159-184

손민숙［ソン・ミンスク］（1987）「한국어 조건문 연구」『겨레어문학』11，건국대국어국문학연구회，273-293

송재영・한승규［ソン・ジェヨン／ハン・スンギュ］（2008）「연결 어미'－더니'연구」『국어학』53，국어학회，177-198

송창선［ソン・チャンソン］（2012）「'－고 있－'과'－어 있－'의 기능과 의미 연구」『언어과학연구』62，언어과학회，179-204

申智妍（1985）「助詞'도'의 意味機能에 대하여」『관악어문연구』10，서울대학교 국어국문학과，403-414

연재훈［ヨン・ジェフン］（2011）『한국어 구문 유형론』태학사

염재일［ヨム・ジェイル］（2013）「'－어야'의 의미와 서법」『어학연구』49-1，서울대학교 언어교육원，1-24

오자키 다쓰지［オザキ・タツジ］（2006）「접속조사 て와 한국어 연결어미 대조연구－'－어（서）'，'－고'와의 대조를 중심으로－」『한글학회』560돌 한글날 기념 전국 국어학 학술대회 발표요지

유동준［ユ・ドンジュン］（1980）「한국어 접속화 연구 : 접속어미"－니까"의 화용론」『연세어문학』13，연세대학교 국어국문학과，145-162

윤지원［ユン・ジウォン］（2004）「한국어 조건문의 유형에 따른 의미 특성 연구」서울대학교 대학원 언어학과 석사학위 논문

윤평현 [ユン・ピョンヒョン] (1989)「국어의 접속어미에 대한 연구 – 의미론적 기능을 중심으로 –」전남대학교 대학원 국어국문학과, 박사논문

윤평현 [ユン・ピョンヒョン] (1992)「국어의 시간관계 접속어미에 대한 연구」『언어』17-1, 한국언어학회, 163-202

이건원 [イ・ゴンウォン] (1983)「한국어 논리적 연결어 소고」『語學研究』19-1, 서울대학교 어학연구소, 11-18

이광호 [イ・グァンホ] (1980)「접속어미「-면」의 의미기능과 그 상관성」『언어』제5권 2호, 33-65

이기갑 [イ・ギガプ] (1994)「씨끝 '-아'와 '-고'의 역사적 교체」고영근・남기심편 『국어의 통사・의미론』탑출판사, 317-329

이기동 [イ・ギドン] (1977)「대조・양보의 접속어미의 의미연구」『語學研究』13-2, 서울대학교 언어교육원, 129-137

이상태 [イ・サンテ] (1977)「이음말 {-야} 와 그 월의 구조」『한글』160, 한글학회, 424-444

이상태 [イ・サンテ] (1978)「조건문 연구」『論文集』17-2, 慶尙大學校, 53-62

이상태 [イ・サンテ] (1995)「(-면) 무리 이음월에 대하여」『배달말』2, 배달말학회, 23-58

李時炯 (1990)「한국어의 연결어미 '-어', '-고'에 관한 연구」서강대학교 국어국문학과 박사논문

이은경 [イ・ウンギョン] (1996)「국어의 연결 어미 연구」서울대학교 대학원 박사학위 논문

이은경 [イ・ウンギョン] (2007)「'-고' 접속문과 '-어서' 접속문의 비교 – 동사유형 및 문형을 중심으로 –」『한국어교육』18-2, 국제한국어교육학회, 333-356

이은미 [イ・ウンミ] (2007)「조사 '도'의 연구」연세대학교 BK21 한국 언어문학 문화 국제인력양성 사업단 사업 결과물

이익섭・채완 [イ・イクソプ/チェ・ワン] (1999)『국어문법론강의』學研社

이익섭 [イ・イクソプ] (2003)『국어 부사절의 성립』태학사

이익섭 [イ・イクソプ] (2005)『한국어 문법』서울대학교 출판부

李廷玟 (1980)「韓國語 條件・原因構文의 統辭論과 意味論」『第 1 回 韓國學 國際學術會議 論文集』한국정신문화연구원, 821-833

李鍾喆 (1997)「조건 접속어미 '-어야'의 화용론적 연구」『국어교육』94, 한국어교육학회, 215-233

이종희 [イ・ジョンヒ] (2006)「어미」『왜 다시 품사론인가』커뮤니케이션북스, 348-405

이환묵 [イ・ファンムク] (1981)「양보문의 의미분석」『어학교육』12, 전남대 어학연구소, 53-62

이희자・이종희 [イ・ヒジャ/イ・ジョンヒ] (2001)『한국어 학습용 어미・조사 사전』한국문화사

임칠성 [イム・チルソン] (1996)「'-어야'의 화용론적 전제 연구」『국어국문학』116, 국어국문학회, 61-80

任洪彬 (1975)「不定法 {어} 와 狀態陳述의 {고}」『論文集』8, 국민대학, 13-

田秀泰 (1985)「전제의 {아} 와 계기의 {고}」『어문논집 于雲 朴炳采博士 還曆紀念論叢』민족어문학회, 431-446

전혜영 [チョン・ヘヨン] (1983)「가정 조건문 연구」『이화어문논집』6, 이화여자대학교 이화어문학회, 29-39

전혜영 [チョン・ヘヨン] (1984)「접속어미 '-다면'의 의미기능 - 접속어미 '-면'과 의 비교를 中心으로 -」『이화어문논집』7, 이화여자대학교 이화어문학회, 243-257

전혜영 [チョン・ヘヨン] (1989)「현대 한국어 접속어미의 화용론적 연구」이화여자대학교 대학원 국어국문학과 박사학위논문

정복순 [チョン・ボクスン] (1997)「이음씨끝 '-어'에 대하여 - 15 세기 국어를 대상으로 -」『睡蓮語文論集』43, 부산여자대학교 국어교육학화 수련어문학회, 21-46

鄭彦鶴 (2003)「中世國語 '-어 이서 > -에서 > -어서'의 文法化에 대한 연구」『語文研究』31-4, 한국어문교육연구회, 33-58

정정덕 [チョン・ジョンドク] (1985)「국어 접속어미의 통사 의미론적 연구」『논문집』7, 창원대학교, 67-83

조오현 [チョ・オヒョン] (1990)「현대 국어의 이유구문에 관한 연구」건국대학교 대학원 박사학위 논문

최재희 [チェ・ジェヒ] (1992)『국어의 접속문 구성 연구』탑 출판사

崔在喜・池春洙・白洙寅 (1989)「國語 條件接續文의 硏究」『인문과학연구』11, 조선대학교 인문과학연구소, 1-25

최현배 [チェ・ヒョンベ] (1937)『우리말본』정음문화사

최형용 [チェ・ヒョンヨン] (2013)『한국어 형태론의 유형론』박이정

홍사만 [ホン・サマン] (2002)『국어 특수조사 신연구』도서출판 역락

Akatsuka, N. (1985) Conditionals and the epistemic scale, *Language* 61-3, *Linguistic Society of America*, 625-639.

Akatsuka, N. (1986) Conditionals are discourse-bound, In E. C. Traugott et al. (eds.), *On Conditionals*, Cambridge University Press, 333-351.

Auwera, J. V. (1986) Conditionals and speech acts, In E. C. Traugott et al. (eds.), *On Conditionals*, Cambridge University Press, 197-214.

Bak, Sung-Yun (2005) The Meaning of Conditional and Koran Conditionals, 人文科學, 35, 成均館大學校 人文科學研究所, 7-39.

Barwise, Jon & Cooper, Robin (1981) Generalized Quantifiers and Natural Language, *Linguistics and Philosophy*, 4-2, Springer, 159-219.

Comrie, B. (1986) Conditionals: a typology, In E. C. Traugott et al.(eds.) *On Conditionals*, Cambridge University Press, 77-99.

Geis, Michael L. & Zwicky, Arnold M.(1971) On invited inferences, *Linguistic Inquiry* 2, 561-566.

Fujii, Seiko Y. (1992) On the Clause-Linking TO Construction in Japanese, In P. Clancy (ed.) *Japanese / Korean Linguistics II*, Cambridge University Press, 3-19.

Fujii, Seiko Y. (1994) A Family of Constructions: Japanese TEMO and Other Concessive Conditionals, *BLS* 20, 194–207.

Haiman, J. (1978) Conditionals are topics, *Language* 54-3, *Linguistic Society of America*, 625–639.

König, E. (1986) Conditionals, concessive conditionals and concessives: areas of contrast, overlap and neutralization, E. C. Traugott et al.(eds.) *On Conditionals*, Cambridge University Press, 229–246.

Lakoff, R. (1971) If's, And's and But's about conjunction, In C. J. Fillmore and D. T. Langendoen (eds.), *Studies in Linguistic Semantics*, 114–149.

Ramstedt, G. J. (1939) *A Korean Grammar*. Helsinki: Suomalais-ugrilainen seura.

Sperber, D. & Wilson, D. (1999) *Relevance*, 2nd Edition (『関連性理論―伝達と認知―第2版』内田聖二・中達俊明・宋南先・田中圭子訳，研究社).

Traugott, E. C. (1985) Conditional markers, In John Haiman (ed.), *Iconicity in Syntax*, John Benjamins, 289–307.

Wierzbicka, A. (1997) Conditionals and counterfactuals: conceptual primitives and linguistic universals, In A. Athannasiadou and R. Dirven (eds.), *On Conditionals Again*, John Benjamins, 15–59.

言語形式索引

damyeon 4, 30, 41, 42, 43, 99, 169, 170
deoni 48, 57, 61, 63, 70, 91, 95, 98, 99, 170
doeda 115
eo 71, 156, 171
eodo 121, 132, 143, 158, 171
eoseo 48, 56, 57, 63, 70, 71, 76, 91, 155, 156, 171
eoseoneun 146, 154, 158, 171
eoseoya 158
eossdeoni 48, 59, 61, 62, 63, 91, 95, 98, 170
eoya 101, 121, 132, 143, 158, 171
eoyagess 116
eoyaji 116
even if 121, 133
geodeun 48, 51, 52
gess 116
go 48, 56, 57, 63, 70, 91, 156, 171
goneun 146, 158
goseoneun 158
goseoya 158
hada 115
i (da) 43
(i) deun 43
if 121, 135
(i) lago hamyeon 43
(i) lamyeon 43
(i) myeon 44
(i) na 43
ja 48, 57, 59, 60, 61, 63, 91, 95, 96, 97, 98, 99, 170
jamaja 57
ji 116

man 104
myeon 4, 48, 55, 70, 83, 99, 169
neun 32
ni 71, 98
nikka 48, 54, 55, 63, 70, 71, 76, 78, 83, 91, 98, 99, 170
ya 103, 104, 105

カラ 83, 99
タラ 48, 55, 63, 70, 78, 83, 91, 98, 99, 170
テ 48, 56, 63, 70, 91, 155, 156
テコソ 101
テハ 145, 154, 158, 171
テモ 132, 133, 143, 158, 171
ト 85, 90, 91, 95, 97, 98, 99, 170
ナラ 4, 30, 41, 42, 43, 99, 169, 170
ノ 31
ハ 32
バ 3, 55, 70, 83, 99, 169

事項索引

A-Z

「myeon」の汎用性　26, 44

あ

相手の話を受ける　41

い

意志性　91
一回性の確定的事態　152, 153, 160
一般性　51
一般的な条件　49
因果並列　156

か

回想語尾　57
確実性　165
確定性　64
確定的条件　1, 26, 47
過去の習慣　150
過去の評価　152
仮定的個別条件　55
仮定的条件　1, 24, 26, 47, 90
慣用化　69
完了時　77

き

聞き手の期待　136, 137
期待の否定　136
きっかけ　58, 59, 60
逆条件　119

逆接条件　119
逆説性　133, 134, 135, 136, 171
客観的条件　4
客観的な原因　76

く

偶然的な確定性　66

け

継起　55, 56, 73, 74, 170
継起性　76, 77, 170

こ

後件意志的　63, 91
後件非意志的　63, 91
個人的必然性　12, 20, 25
個別条件　55, 75
個別性　52, 55, 75, 170
個別的事態間の依存関係　48
個別的な事態　50
語用論的拡張　166
語用論的文脈　5, 34, 77
語用論的連続性　viii, 5, 6, 7, 8, 172

さ

最強の十分条件　108
最低条件　8

し

思考動詞　69

事実性　66
事態間の継起　170
事態間の継起性　78, 82
指定的名詞　36
指定詞　43, 44
社会的必然性　12, 17
主観的条件　4
主観的な理由　76
主体視点　100
主題　29, 30, 31, 42, 170
順接条件　136
状況性　93, 94, 95, 96, 97, 98, 170
条件表現　vi
譲歩条件　119, 121, 133, 165, 171

せ

選択的譲歩条件　134
前提条件　1, 2, 3, 4, 5, 25, 30, 31, 41, 42, 169, 170
前提性　4, 5, 12, 13, 14, 15, 16, 17, 21, 24, 31, 32, 41, 42, 90, 169, 170

そ

想定的　136, 137
総称的・一般的な条件　8
属性的な情報　38

た

対比性　155, 165
単純継起　99, 170
単純並列　156

ち

中立形　156
中立的譲歩　142
直接的な情報　37, 41

て

典型的な主題　32

と

特殊助詞　157
取り立て助詞　157

な

ナラの主題用法　31, 37

に

認識間の継起　170
認識間の依存関係　143
認識間の継起性　78, 82
認識時　81

は

発見　61
発現　62
話し手の心的態度　143
反期待性　155
反事実条件　16, 71, 86, 90, 110, 111, 112, 113, 160
判断の根拠　75
反復条件　9, 87

ひ

非想定的　136, 137
必須条件　106, 108, 126
必須性　107, 113, 126, 141, 171
否定的含意　154
評価的用法　162, 163

ふ

複合語尾　116
文法化　21, 25, 43, 116, 117, 126,

150, 164, 167, 169, 171

ほ
補助詞　157

み
未実現の未来　14, 22

も
モダリティ　12, 13
モダリティ要素　137

ゆ
誘導推論　106, 128

よ
予測条件　1, 2, 3, 4, 26, 169, 170
予測性　4, 5, 8, 9, 10, 11, 12, 24, 90, 169

り
理由　75, 170

れ
レトリック　118, 125
連続　56, 57

ろ
論理文　131

わ
話者視点　92

金智賢（きむ じひょん）

略歴

1974年、韓国大邱生まれ。1997年、慶北大学人文大学国語国文学科卒業。2003年、東京大学大学院総合文化研究科修士課程修了。2009年、同研究科博士課程修了。博士（学術）。現在、宮崎大学語学教育センター准教授。

主な著書・論文

「現代韓国語の談話における無助詞について」（2009年、『朝鮮学報』210）、「無助詞及び「eun/neun」「は」、「i/ga」「が」と主題について」（2010年、『日語日文學研究』72-1）、『教養韓国語 初級』（2015年、朝日出版社）、『日韓対照研究によるハとガと無助詞』（2016年、ひつじ書房）。

ひつじ研究叢書〈言語編〉第150巻
現代日本語と韓国語における条件表現の対照研究
語用論的連続性を中心に
A Contrastive study on conditionals in modern Japanese and Korean:
Focused on pragmatic continuity
Jihyun Kim

発行	2018年3月14日　初版1刷
定価	6500円+税
著者	ⓒ 金智賢
発行者	松本功
ブックデザイン	白井敬尚形成事務所
組版所	株式会社 ディ・トランスポート
印刷・製本所	株式会社 シナノ
発行所	株式会社 ひつじ書房

〒112-0011　東京都文京区千石2-1-2 大和ビル2階
Tel: 03-5319-4916　Fax: 03-5319-4917
郵便振替 00120-8-142852
toiawase@hituzi.co.jp　http://www.hituzi.co.jp/

ISBN978-4-89476-876-5

造本には充分注意しておりますが、落丁・乱丁などがございましたら、小社かお買上げ書店にておとりかえいたします。
ご意見、ご感想など、小社までお寄せ下されば幸いです。

刊行のご案内

〈ひつじ研究叢書(言語編) 第137巻〉
日韓対照研究によるハとガと無助詞
金智賢 著　定価7,800円+税

〈ひつじ研究叢書(言語編) 第141巻〉
韓国語citaと北海道方言ラサルと
日本語ラレルの研究
円山拓子 著　定価7,000円+税